관계를
바꾸는
심리학
수 업

더 이상 상처받지 않고

행복해지고 싶은 나에게

관계를
바꾸는
심리학
수 업

백선영 지음

천그루숲

어른이 되어도 인간관계는 여전히 어렵다. 우리는 학교를 졸업하고, 무언가에 홀린 듯 일을 시작한다. 하루를 치열하게 살아가면서 점점 지쳐갔고, 내 편이라 믿었던 사람들은 하나둘 내 곁을 떠나간다. 다시 새로운 인연을 맺고 현재의 관계에 충실하며 살아가지만, 관계만큼은 내 뜻과 달리 당신을 지치게 한다.

사람들은 누구나 좋은 관계를 맺고 싶은 열망을 가지고 있지만, 다들 내 마음 같지 않다. '열 길 물속은 알아도 한 길 사람 속은 모른다'는 옛말이 틀린 것 같지 않다. 사소한 오해의 불씨로 인해 관계가 멀어지기도 하고, 우연한 계기로 평생의 인연을 맺기도 한다.

이처럼 우리는 기억나지 않는 과거부터 지금까지 수없이 많은 만남과 헤어짐을 반복해 왔다. 그리고 서로의 관계가 소홀해지고 멀어질 때마다 항상 고통스럽다. 이것만큼은 쉽게 적응이 되지 않는다. 지금보다 관계가 편안해지기 위해서는 우리 마음에 심리학적 접근이 필요하다.

관계에도 능력이 필요하다

만남과 헤어짐을 반복하는 과정에서 우리는 '관계능력'이 필요하다. 관계능력은 나에 대한 이해와 타인에 대해 공감하는 능력을 말한다. '관계에도 능력이 필요하냐'며 의아해할 수도 있겠지만, 우리는 일상에서 크고 작은 관계의 위기와 상처를 경험한다. 그래서 관계능력은 나를 보호하고, 더 좋은 관계로 나아가기 위해 꼭 필요한 능력이다.

관계능력을 가지기 위해서는 우선 개인이 가진 일정한 관계 패턴을 이해하는 것이 도움이 된다. 연인과 헤어진 후 새롭게 만난 연인을 보면 의외로 이전의 연인과 성격이나 특성이 비슷한 경우가 많다. 그리고 그들이 다시 헤어지는 패턴도 유사하다. 직장생활에서 갈등을 빚을 때도 비슷한 행동 패턴을 보인다. 이는 개인이 가진 고유한 특성 때문이다.

관계능력은 반복되는 관계의 고통에서 벗어나 오늘을 편안하게 살아가기 위해 필요하다. 이를 위해 오늘의 나를 이해하면서 나를 더 단단하게 지켜나가야 한다.

자신을 단단하게 만들어가는 시간

《관계를 바꾸는 심리학 수업》에는 나와 너, 우리의 관계 속에서 나를 이해하고 실천할 수 있는 'Self-care Note'가 들어 있다. 이를 작성해 보면서 자신을 성찰하는 시간을 가졌으면 한다. 관계의 변화를 위해서는 연습이 필요하기 때문이다. 이 책은 크게 다섯 개의 장으로 구성되어 있다.

Chapter 1 '나를 알아야 관계가 보입니다'에서는 자신에 대한 이해를 통해 스스로를 수용하고 건강한 인간관계를 만드는 방법을 이야기한다. 나를 알기 위해서는 흔들이지 않는 자신만의 견고함이 필요하다.

Chapter 2 '나의 감정을 이해하고 싶습니다'를 통해 감정 속에 숨은 생각과 욕구를 의도적으로 바라보면서 자신의 행동을 이해할 수 있다. 나의 감정을 이해하면 나하고 친해질 뿐만 아니라 현명한 선택을 하는 데 도움이 된다.

Chapter 3 '자기돌봄이 필요한 나에게'에서는 일상에서 경험하는 상처 때문에 나를 비난하고 학대하는 2차 가해로 이어지지 않도록 나를 돌보는 방법을 알려준다. 내 마음을 돌보지 않으면 상처를 치유할 수 없다.

Chapter 4 '나는 당신과 잘 지내고 싶습니다'에서는 나를 표현할 수 있는 공감과 경청, 비폭력대화 방법을 알려준다. 관계는 상호성이다. 나의 마음을 제대로 표현해야 긍정적 관계를 이어갈 수 있다.

Chapter 5 '행복한 삶을 살고 싶습니다'에서는 다시 일어나는 힘인 회복탄력성과 강점을 발견해 행복한 삶을 살 수 있는 방법을 담고 있다. 내면의 단단함과 긍정적인 정서가 있을 때 우리는 좋은 관계 속에서 행복하게 살 수 있다.

오늘보다 더 편안해지기를…

《관계를 바꾸는 심리학 수업》은 마음속 깊은 곳의 나를 이해하고, 자신의 편이 되어 주는 '나와의 관계'에 대한 책이다. 나와의 관계가 편안해질 때 우리는 비로소 타인과의 관계 안에서 편안함을 찾을 수 있게 된다.

사람들은 간혹 좋은 사람에 대한 정의를 질문하곤 한다. 하지만 좋은 사람을 찾기보다 '나는 과연 좋은 사람일까?'라는 질문을 통해 좋은 사람에 대한 나만의 정의를 이 책에서 찾아보길 바란다.

관계 안에서 편안함을 찾기 위해서는 상처받는 순간에 나를 위로하는 방법을 터득해야 한다. 진짜 어른은 나 자신을 위로하며 살아가는 존재이다. 지금까지 살아온 자신의 삶의 역사를 이해하고 위로한다면 관계의 편안함을 만나게 될 것이다. 이제 고요하고 따뜻한 나와의 참 만남을 시작해 보길 바란다.

따스한 관계의 봄을 만날 당신에게

백선영

CHAPTER 4

나는 당신과 잘 지내고 싶습니다

CHAPTER

5

행복한 삶을 살고 싶습니다

CHAPTER 1

나를 알아야
관계가
보입니다

1 우리 삶에도 숨비소리가 필요하다
- 자기이해

퇴근길 만원 버스 안에서 김안녕 님은 계속 스마트폰만 들여다보고 있다. 내리는 사람보다 타는 사람들이 더 많아 비좁은 공간에서도 스마트폰을 놓지 않는다. 배터리 부족 알림이 울렸을 때 비로소 스마트폰을 충전할 생각조차 하지 못했을 정도로 바쁘고 지친 하루였음을 깨닫는다. 그리고 집에 도착할 때까지 배터리가 버텨주길 바라며 자극적인 뉴스와 동영상에서 눈을 떼지 않는다.

김안녕 님은 집에 도착해서도 스마트폰을 손에서 놓지 못했다. 알고리즘은 그녀가 좋아할 만한 콘텐츠를 지속적으로 추천해 주었고, 아무 생각 없이 동영상을 보는 이 순간이 가장 편하다. 친구들의 SNS에 '좋아요'를 누르다 보니 '나만 이렇게 지치고 힘든 건가?' 하는 생각에 잠시 울컥했지만 이내 다른 동영상에 빠져든다.

다음 날도 어제와 크게 다르지 않은 기분으로 출근길에 올라 회사 회전문 앞에서 밝은 표정을 짓는다. 하지만 마음속에는 '이렇게 사는 게 맞는 걸까?' 하는 생각이 꿈틀거린다.

⊘ 우리 삶의 쉼, 숨비소리가 필요했던 하루

해녀들은 깊은 바닷속에 들어가 해산물을 캐고 올라와 턱까지 차오른 숨을 물 밖으로 크게 내뿜는다. 그때 내쉬는 숨이 휘파람 소리 같다고 해서 '숨비소리'라고 한다.

출퇴근길의 피로, 회사에서 사람들과 벌이는 업무적 갈등과 미묘한 기 싸움, 성과와 실적에 대한 압박 등으로 내 마음 같지 않은 하루…. 우리 삶에도 '숨비소리'가 필요하다.

김안녕 님에게 스마트폰은 지친 하루를 보상받는 쉼의 방법이다. 한 설문조사에 따르면 우리나라 성인의 하루 평균 스마트폰 사용시간이 4시간이 넘는다고 한다. 본인이 검색한 내용에 따라 알고리즘이 꼬리에 꼬리를 물며 콘텐츠를 제공해 주니 별 고민 없이 보는 즐거움에 빠져든다. 알고리즘이 추천해 주는 콘텐츠가 마음에 들지 않으면 건너뛰어도 양심의 가책을 느낄 필요가 없다. 만나고 싶지 않아도 만나야 하는 인간관계와 다르니 피로도가 낮다.

김안녕 님은 생각도 감정도 차단하는 이 자그마한 스마트폰 공간이 편안한 휴식처라고 생각했다. 하지만 이것은 일시적인 방편일 뿐이다. 여기에 익숙해질수록 나를 위한 진정한 쉼은 멀어진다. 심리학에서는 이를 '자기기만'이라고 한다. 사실과 진실이 아닌 것을 합리화하고 정당화하는 것이다.

〈세계정신의학저널〉에 발표된 연구 결과에 따르면 스마트폰의 SNS 알림 메시지와 뉴스 정보 등은 두뇌가 한 가지 정보에 집중할 수 없는 주의 산만으로 이어진다고 한다. 나의 마음과 뇌를 쉬고자 했던 미디어가 사실은 나를 더 바쁘게 움직이게 하면서 나의 '쉼'을 방해하고 있는 것이다.

일상에서 쉽게 실천할 수 있는 '쉼'을 통해 몸과 마음의 여유를 찾는 습관이 필요하다. 너그럽게 자신을 바라보는 마음의 상태를 만드는 방법이 바로 '자기돌봄'이다. 여기서 '돌본다'는 '관심을 가지고 보살피다'라는 의미이며, 돌봄의 대상은 타인이 아닌 '나'이다.

⊘ 오늘의 나를 돌봐주었나요?

대부분의 직장인은 높은 업무 강도와 퇴근 후에도 이어지는 업무의 연속으로 인해 자신을 돌볼 마음의 여유가 없다. 매스컴에서는 주 52시간 근무제로 인해 워라밸Work-Life Balance이 실행되고 있다고 하지만, 나하고는 먼 이야기인 듯하다. 항상 넘쳐나는 업무에 시달리느라 녹초가 되다 보니 나를 돌아볼 여유가 없다. 어쩌면 너무 익숙해져서 '누구나 다 이렇게 살아가는 거 아닌가?' 하는 생각에 내 지친 몸과 마음을 이해하기보다 친구를 만나 수다를 떨고, 한잔 술로 시름을 지워내며 살아간다. 하지만 몸과 마음에 피로가 켜켜이 쌓인 나는 오늘도 힘들어하고 있다.

미술 상담치료 중에 '빗속의 사람Person in the rain'을 그리는 진단이 있다. 현재의 스트레스 지수를 확인하기 위한 그림 진단이며, A4용지 한 장과 연필, 지우개만 있으면 된다. 내담자(상담받는 사람)에게 '비가 내리고 있고, 그 속에 사람이 있습니다. 막대기 또는 졸라맨이 아닌 머리부터 발끝까지 완전한 사람을 그려주세요.'라고 설명한 후 빗속의 사람을 자유롭게 그려보라고 한다. 그림 안에 비와 구름, 번개 등이 있으면 스트레스를 나타내고, 비의 양은 스트레스의 양을 의미한다. 웅덩이를 그리는 사람도 있는데, 웅덩이는 지난 시간 또는 현재 진행 중인 아픔, 슬픔, 두

관계를 바꾸는 심리학 수업

러움 등을 뜻한다.

몇 해 전에 한 내담자가 웅덩이 속 물을 보며 "이 물이 마르면 제 마음도 괜찮아질까요?"라고 물었다. 시간이 약이라는 말이 있듯이 참고 견디면 괜찮아지겠냐는 것이었다. 이처럼 대부분의 사람들은 마음이 힘들어지면 '이 또한 지나가리라'라며 자신의 상황이 나아지기만을 기다린다. 물론 시간이 지나면서 괜찮아지는 문제도 있다. 하지만 우리는 내 마음이 다쳤다는 것을 놓치고 있다. 이때는 시간이 지나가기만 기다리는 수동적인 태도보다 자신의 마음을 이해해 주는 적극적인 자세가 필요하다.

하루에 한 번 나를 위한 시간을 가져보자. 시간이 길지 않아도 상관없다. 5~10분이면 충분하다. 일기를 쓰듯 하루를 돌아보며 노트에 즐거웠던 감정, 속상했던 감정, 억울했던 감정 등을 써보자.

오늘 하루 즐거웠던 일은 무엇이었는지, 나를 불편하고 힘들게 했던 것은 무엇이었는지 간단하게 적어보자. 그리고 힘든 순간 어떤 말을 들었을 때 위로가 되었는지 떠올려 보고, 나 자신에게 그 말을 건네보자.

김안녕 님은 '소모되는 감정'에 지쳐 있다. 불편한 사람들과 근무시간에 얼굴을 마주쳐야 하고, 마음 상하는 일이 있더라도 웃어 넘겨야 했다. 매일, 매주, 매달 반복되는 감정의 상처 속에

서 괜찮아질 거라는 가짜 믿음으로 버틴다. 그래서 스마트폰에
더 집중해 유쾌하고 재미있는 것을 보며 자신의 뇌를 속인다.
하지만 스스로도 스마트폰은 위로가 되지 않는다는 것을, 나도
모르게 타인과 비교하면서 더 지쳐가고 있음을 잘 알고 있다.

나를 가장 잘 이해할 수 있는 사람은 나 자신이다. 나의 오늘
하루를 돌아보고, 힘들었다면 괜찮다고 말해 주고, 잘한 일은 칭
찬해 주면 된다. 자신의 행동이 마음에 들지 않았다면 다음에는
어떻게 해야 할지 생각해 보자. 이런 순간들이 쌓이면 힘든 상
황에서도 나를 위로하는 방법을 찾게 되고, 긍정적인 의미도 발
견하게 된다. 몸에 상처가 생기면 치료하듯이 마음의 상처도 치
유하고 회복해야 한다.

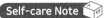

Self-care Note

하루 중 가장 편안한 시간을 찾아 나의 하루를 되돌아보세요. 즐거웠던 일은 무엇이고, 마음 상했던 순간은 언제였나요? 마음의 상처를 입었을 때 가장 듣고 싶은 말은 무엇인가요? 다음에 비슷한 상황이 오면 당신은 어떤 행동을 할 건가요?

Self-care 1. 오늘 하루 기억에 남는 일은 무엇인가요?

_____

Self-care 2. 그때 나는 어떤 감정이었나요?

_____

Self-care 3. 나는 어떤 행동을 했나요?

_____

Self-care 4. 시간을 돌려 그 순간의 나에게 간다면 어떤 말을 해주겠습니까?

_____

_____

_____

2

당신의 관계는 안녕한가요?

- 애착

.

김애착 님은 사람과의 관계가 어렵기만 하다. 겉으로 보기에는 직장 동료나 친구와 별다른 어려움 없이 원만하게 잘 지내는 듯하지만 실제 마음은 그렇지 않다. 사람들이 친근한 모습으로 다가올 때면 왠지 불안하고, 사람들이 자신에게 조금이라도 멀어지는 듯하면 울적해져서 늘 관심을 받고자 노력했다. 어느 날은 '이런 나를 이해해 주는 사람이 있을까?'라는 생각까지 들었다.

김애착 님은 문제가 생겨도 자기 의견을 거의 드러내지 않았고, 상대의 의견이나 부탁을 거절하지도 못했다. 사람들과 문제가 생기면 회피하기 위해 관계를 아예 끊어버렸다. 그런 자신이 마치 꼬리를 자르고 도망가는 도마뱀처럼 생각되었다. 하지만 공허한 마음 한편에서는 여전히 나를 이해해 주는 사람이 나타나기를 바라고 있다.

⊘ 애착으로 만들어진 관계의 패턴

어른이 되어도 여전히 인간관계는 어렵다. 그래서 직장생활에서 겪는 스트레스와 퇴사의 원인으로 가장 많은 부분을 차지하는 것이 '인간관계의 어려움'이다.

'당신의 관계는 안녕한가요?' 이 말은 '당신은 만남과 이별의 관계에서 특별한 문제 없이 편안함을 유지하고 지속하고 있는지'에 대한 물음이다. 하지만 우리의 바람과는 달리 사람들과의 관계가 늘 안녕하지는 못하다. 날씨처럼 맑은 날, 흐린 날도 있고 변덕스러운 날도 있다. 중요한 것은 계절처럼 인간관계에도 고유의 패턴이 있다는 것이다. 봄은 따뜻하고, 여름은 덥고, 가을은 청량하고, 겨울은 춥듯이 인간관계에도 패턴이 있는데, 이를 '애착'이라고 한다.

애착은 자신과 가까운 사람에게 느끼는 정서적 유대관계를 바탕으로 반복되는 마음을 말하며, 나와 타인 그리고 세상을 이해하는 하나의 틀이 된다. 애착의 시작은 처음 만나는 대상(주로 어머니)과의 관계에서 형성된다. 아이가 배고파 울 때 우유를 주고, 기저귀가 축축할 때 갈아주면 아이는 욕구가 충족되어 안정감이 생긴다. 반면 욕구의 좌절은 아이를 불안정하게 만든다. 이때 형성된 아이의 정서적 유대감은 전 생애에 걸쳐 다른 사람과의 관계에 영향을 미친다. 특히 불안한 애착(집착형, 회피형, 혼란형)은 대인관계에서 우울과 불안 등으로 이어질 수 있다.

결국 애착은 내가 주위 사람들에게 사랑받고 가치 있는 사람인가, 그리고 나를 둘러싼 타인들은 신뢰할 만한 존재인가에 대한 신념으로 자리 잡는다. 애착의 형태는 크게 4가지로 구분할 수 있다.

	자신에 대한 긍정적 기대	자신에 대한 부정적 기대
타인에 대한 긍정적 기대	안정형 (친밀감, 자율성, 편안함)	집착형 (관계에 집착)
타인에 대한 부정적 기대	회피형 (친밀감 거부)	혼란형 (친밀감이 두려워서 회피)

1) 우리는 모두 가치 있는 존재입니다 - 안정형 애착

안정형 애착은 나 자신과 타인에 대한 기대의 틀이 긍정적이다. 나는 충분히 사랑받을 가치가 있다고 생각하기에 타인을 회피하거나 크게 의존하지 않는다. 상대에 대한 기대도 긍정적이다. 이들은 인간관계에 문제가 생기면 유연한 태도를 보이며 협력적으로 해결해 나간다.

다툼이 발생하면 상대방과 자신의 입장을 이해하면서 상대방

관계를 바꾸는 심리학 수업

의 행동을 사실과 다르게 왜곡해서 해석하지 않는다. 또한 자신에 대한 믿음이 있기 때문에 상대방에게 우호적으로 다가가 문제를 해결하면서 상황을 악화시키지 않는다. 이들은 스트레스를 받더라도 상황을 극단적으로 만들지 않고 상대방의 지지를 받고 싶어 한다. 마찬가지로 상대방이 스트레스를 받으면 따뜻한 지지를 보낸다.

안정형 애착 유형은 내가 다가가는 만큼 상대도 나와 가까워지는 것을 느낀다. 또 문제가 생겨도 내가 해결할 수 있고 나 자신을 돌볼 수 있다는 자기효능감이 뛰어나며, 나와 상대 모두에게 존중감을 가지고 있다.

2) 당신이 내 곁에 있어주길 원해요 - 집착형 애착

집착형 애착은 자신에 대해서는 부정적인 신념의 틀을 지녔지만, 타인에 대해서는 긍정적인 기대를 가지고 있다. 이들은 관계에 지나치게 의존하는 경향이 있다. 나의 마음속에는 항상 내가 아닌 상대가 자리하고 있으며, '나처럼 부족한 사람을 누가 좋아하겠어?'라는 생각에 빠져 있다. 나의 마음 공간에 나에 대한 믿음이 자리 잡지 못하니 늘 불안하다.

집착형 애착은 연인 사이에서 잘 드러난다. 상대에게 문자 메시지를 보냈는데 바로 답변이 오지 않으면 불안하다. 그리고 자신이 상대에게 어떤 실망스러운 행동을 했는지를 떠올리며 상대가 떠날 것 같다는 믿음의 증거를 모으며 불안을 가속화한다.

관계의 불안 수준이 높기 때문에 화와 걱정으로 정서가 표출된다. 때로는 상대를 현실보다 더 대단한 사람으로 이상화하면서 매달리기도 한다. 이들은 사람이 떠나는 것을 견디기 어려워하며, 상대방의 관심과 애정이 사라질까 노심초사한다. 설령 자신이 상대를 좋아하지 않더라도 상대와 헤어지는 것이 두렵다.

하지만 매번 관계의 불안함을 느끼며 살아갈 수는 없다. 온통 외부로 향하고 있는 에너지를 내부로 돌리는 연습이 필요하다. 타인의 표정과 감정을 살피는 일을 멈추고, 나의 감정과 욕구(원하는 것, 기대하는 것)에 집중하는 것이다. 또한 상대방의 행동을 일방적으로 해석하기보다는 솔직하게 물어봐야 한다.

집착형 애착은 유아기 시절의 패턴이 현재까지 이어지는 경우가 많다. 어린 시절 좌절된 욕구, 성인이 되는 과정에서 나를 떠난 사람들로 인해 만들어진 관계의 패턴이다. 이를 극복하기 위해서는 과거의 기억에 나를 묶어두지 말아야 한다. 당신의 삶을 되돌아보면 당신을 지지하고 응원해 주었던 사람들이 있다. 당신이라는 한 사람을 인격체로 존중하고 사랑했던 사람들이다. 그 사랑을 믿어보자. 당신은 충분히 괜찮은 사람이다. 당신은 다른 누군가가 아닌 오직 자신의 힘으로 지금까지 잘 살아왔다는 사실을 기억하자. 누군가 나를 떠날까 두렵고 불안하다면 내가 먼저 나의 편이 되어주는 것이 필요하다. 내 마음을 편안하게 해줄 위로의 말을 스스로에게 건네는 연습을 해보자.

3) 혼자가 더 편해요 - 회피형 애착

자신에 대해서는 긍정적인 가치관을 지니고 있지만 타인에 대해서는 부정적인 기대를 가지고 있다. 사람들과 친밀한 관계를 맺기보다 적당한 거리를 유지하며 스스로를 보호한다. 사람에게 더 이상 상처받고 싶지 않은 마음 때문이다. 그래서 관계를 맺을 때 감정을 잘 드러내지 않고 상대에게 도움받는 것도 불편해한다.

이들은 독립심, 유능감, 자급자족의 특징을 가지고 있다. 또 사람은 나를 떠나도, 노력은 배신하지 않는다는 생각으로 일에 몰두하는 워커홀릭의 모습도 있다. 이들은 사람보다 일에 더 집중하다 보니 마음 한편이 항상 외롭다.

회피형 애착 유형은 마음의 상처를 입었을 때 '혼자' 이겨내려고 한다. 누군가의 도움이 필요한 순간에도 '말한다고 뭐가 달라지겠어?'라는 생각으로 언제나 혼자 해결하려고 한다.

하지만 사람은 사회적 동물이다. 회피형 애착이라고 해서 사랑을 원하지 않는 것은 아니다. 상처받으면 극복하기 힘들기 때문에 애착 욕구를 억압하는 것이다. 이를 벗어나기 위해서는 혼자 버티며 이겨내려고 하기보다 자신의 감정과 욕구를 표현하는 연습이 필요하다. 천천히 나의 감정과 욕구를 표현하면서 회피형 애착을 극복해 보자.

4) 나를 좋아해 주는 사람이 있을까요 - 혼란형 애착

혼란형 애착은 나와 타인에 대한 기대가 모두 부정적이다. 김애착 님처럼 다른 사람들에게 다가가기도 두렵고, 혼자 있기도 두렵다. 나 자신이 가치 없게 느껴질 뿐 아니라 상대방도 신뢰하지 못한다. 상대에게 이용당하거나 거부당할 거라는 두려움이 마음속에 자리 잡고 있어 혼란스럽다.

혼란형 애착은 자신과 타인 모두에 대한 기대수준이 낮기 때문에 친밀감을 형성하기 어렵다. 타인은 물론 자신도 믿지 못하는 세상에서 늘 혼자 외로운 시간을 보내지만 사람들 앞에서는 아무렇지 않은 척한다. 하지만 이들의 마음은 괜찮지 않다.

이제 괜찮은 척이 아닌 진짜 괜찮은 관계를 만들어야 한다. 혼란형 애착에서 벗어나기 위해서는 나에 대한 긍정적인 틀이 필요하다. 있는 그대로의 나를 인정해 주고, 상대에게 다가가는 것이다.

⊘ 애착의 변화 : 긍정적 관계의 경험과 자기성찰

우리는 생애 최초에 맺은 관계, 즉 부모와의 관계를 바탕으로 자신과 타인을 바라보는 틀이 결정된다. 왠지 억울하다는 생각이 든다. 생애 초기에 내가 선택할 수 있는 것이 없었으니 말이다. 그러나 애착은 사회관계를 통해 재구조화할 수 있다. 성인이 되어 안정형으로 변화된 애착을 '획득된 안정애착형'이라고 한다. 이것은 내가 선택할 수 있다. 획득된 안정애착형은 다른 애착 유형에 비해 부정적 감정을 더 잘 받아들일 수 있다는 연구 결과가 있다. 또한 직장생활, 가족관계, 연애, 자녀와의 관계를 안정적으로 유지하면서 삶의 만족도가 올라간다.

한 내담자는 어린 시절 왕따의 경험으로 누군가 다가오면 일정 시점에서 상대가 자신에게 위협을 가할 수 있다는 생각에 관계의 선을 그었다고 한다. 하지만 그는 사람들을 만날 때 '과거의 사람들과 지금 만나는 사람은 다른 사람이다'라고 되뇌며 관계의 긍정경험을 통해 극복해 갔다. 즉, 나와 상대의 관계를 기대와 믿음 등 좋은 관점의 틀로 바라보면서 변화한 것이다.

이처럼 내가 바라보는 관계의 틀만 바꿔도 관계가 평온해진다. 애착관계는 얼마든지 선택할 수 있다. 나와 타인을 믿음의 시선으로 바라보자. 긍정적 관계와 자기성찰을 통해 타인에게 상처받았을 때 등을 돌리는 대신 상황과 욕구를 객관적으로 이해하는 과정이 필요하다.

관계를 바꾸는 심리학 수업

자신의 애착을 이해했다면 상대방과의 편안한 관계를 위해 어떤 점을 변화시키면 좋을지 알아야 합니다. 우선 나와의 관계를 살펴본 다음 타인과의 관계를 살펴보세요. 그리고 관계를 친밀하게 유지하기 위해 어떻게 하고 있는지 생각을 정리해 보세요.

Self-care 1. 당신은 상대방을 볼 때 긍정적인 면과 부정적인 면 중 무엇을 먼저 발견하나요?

_____

Self-care 2. 사람과의 관계에 지나치게 몰두하고 있지 않은가요?

_____

Self-care 3. 나의 감정과 생각을 표현하는 대신 관계를 차단하는 편인가요?

_____

Self-care 4. 관계가 돈독해질 시점에 나와 상대방의 관계에 의심이 들기 시작하나요?

_____

Self-care 5. 당신은 어떤 유형이라고 생각하나요?

_____

획득된 안정애착형으로 가기 위한 첫 번째 방법은 '인정'입니다. 그렇다면 나는 앞으로 사람과의 관계에서 상처를 받았을 때 무엇을 해야 할까요?

① 나는 나에게 _____

② 나는 너에게 _____

스스로를 이해하고 수용하는 힘
- 자존감

애니메이션 〈슈렉〉에 등장하는 피오나 공주는 낮에는 아름다운 공주이지만 밤에는 오우거로 변한다. 피오나 공주는 슈렉에게 좋아하는 마음을 고백하고 싶지만, 오우거로 변한 모습을 보면 슈렉이 자신을 떠날 거라고 생각해 당나귀 덩키에게 연애 상담을 한다.

"슈렉은 나의 아름다운 모습을 좋아하지. 하지만 괴물 같은 실제 내 모습을 보면 나를 떠날 거야."

덩키는 말한다.

"사실대로 말해요. 슈렉은 이해해 줄 거예요."

그러나 공주는 "이 사실을 아무도 알면 안 돼"라고 거듭 강조한다.

당신 안에도 이런 마음이 있지 않은가? '진짜 내 모습을 알게 되면 상대가 나를 좋아하지 않을 거야'라는 마음 말이다.

슈렉은 피오나 공주의 진짜 모습을 보고도 떠나지 않았다. 그리고 "당신은 여전히 아름다워"라고 말한다.

열등감으로 상대와 거리를 두고 있는 것은 결국 자신이다. 피오나 공주는 "괴물 같은 이런 나를 누가 좋아하겠어?"라며 '공주는 아름다워야 한다'는 덫(신념, 믿음)을 스스로 만들어 놓고, 자신이 만든 생각의 덫에 걸려 진정한 자신을 보지 못하고 있는 것이다.

⊘ 중요한 건, 내가 생각하는 나의 모습

심리치료사 슈테파니 슈탈은 《심리학, 자존감을 부탁해》에서 자존감이 낮은 사람들의 특징을 설명한다. 자존감이 낮은 사람은 자신이 가지고 있는 약점을 수용하지 못하고 크게 확대해서 생각한다. 하지만 정작 다른 사람들은 당신의 약점에 관심이 없다. 즉, 스스로 약점에 집중해 나를 미워하고 있는 것이다. 이제 나를 미워하는 일을 그만두고, 나를 사랑할 때이다.

관계를 바꾸는 심리학 수업

미켈란젤로가 교황의 명을 받아 시스티나 성당 천장에 창세기 아홉 장면을 그리고 있을 때 어떤 사람이 다가와 말을 건넸다.

"누가 본다고 그렇게 열심히 그리십니까?"

그러자 미켈란젤로는 말했다.

"내가 알잖아요."

자존감은 타인의 인정에 기대는 것이 아니라 나 자신을 긍정적으로 보고 스스로 알아줄 때 높아진다. 타인의 기준이 아닌 나의 기준으로 살아야 나를 지켜나갈 수 있다. 내가 나를 믿지 못하면 누가 나를 이해해 주겠는가. 진정한 나로 살아간다는 것은 누군가에게 나를 이해시키는 것이 아니다. 나를 진심으로 이해하고 인정해 줄 수 있는 첫 번째 사람은 오직 나이다.

⊘ 가짜 자기의 삶에서 진짜 자기의 삶으로 회복

영국의 소아과 의사이자 정신분석학자 도널드 위니코트는 《충분히 좋은 엄마》에서 '진짜 자기True self'와 '가짜 자기False self'를 설명한다. '진짜 자기'는 자신과 외부 세계를 믿으며 타인과 신뢰를 쌓아간다. 반면 '가짜 자기'는 타인의 기대와 욕구에 맞추느라 자신의 본모습을 숨기며 살아간다. 이들은 의식적으로든 무의식적으로든 자신이 정말 원하는 삶을 살지 못한다.

'가짜 자기'로 살아가는 원인은 다양하다. 예를 들어 혼자 남겨진 시간이 많았던 어린아이라면 외로움, 두려움, 슬픔 등의 감정을 스스로 처리하기 힘들었을 것이다. '내가 부모님에게 잘하면 부모님은 나를 혼자 남겨두지 않을 거야'라는 생각에 아이는 부모님의 욕구에 맞춰 '말 잘 듣는 아이' '조용한 아이'로 성장한다. '진짜 자기'는 숨기고 '가짜 자기'로 살아가는 것이다.

또한 부모와 같이 중요한 사람에게 반복되는 꾸지람과 질책, 실수했을 때 수용받지 못함은 스스로 '죄책감'을 만든다. 이것이 내재화되어 '가짜 자기'를 만든다. 가짜 자기는 자신의 진짜 모습을 숨기고 가면을 쓴 채 타인이 기대하는 착한 아이로 살아가게 된다.

이제 자신의 진짜 얼굴과 가면을 구분하고 내가 원하는 것과 감정을 깨닫고 표현해야 한다. '진짜 자기'로 살아간다는 것은 타인에게 기대는 것이 아니라 나의 삶을 스스로 이끌어가는 것이다. 나를 중요한 사람으로 인식하고, 나의 감정과 욕구를 존중해야 한다. '을의 삶'으로 살기에는 나의 삶이 너무 소중하다.

관계를 바꾸는 심리학 수업

⊘ 스스로의 삶을 사는 방법

〈슈렉〉의 피오나 공주는 슈렉이 자신의 '진짜 자기'를 알게 되면 '좋아하지 않을 것'이라며 두려워했다. '나는 사랑받고 싶어. 하지만 괴물 같은 나의 모습을 상대가 알게 되면 나를 떠날 거야. 내가 봐도 내 모습이 끔찍하니까'라며 자신의 모습을 수용하지 못하고 숨기고자 모든 에너지를 쏟아붓는다. 〈슈렉〉의 마지막 장면이 오우거로 변하지 않고 여전히 피오나 공주였다면 영화는 해피엔딩이 될 수 있었을까? 피오나 공주는 매일 밤이 불안하고 불행한 시간이었을 것이다.

진짜 자기의 본질은 내면에 있다. 나의 삶을 살아가기 위해서는 나를 있는 그대로 이해하고 수용해야 한다. 나의 기대와 욕구를 외면하고 가짜 자기로 살아가는 삶이 행복할 수 없다. 그것은 타인의 삶을 살아가는 것이다.

심리학자 너새니얼 브랜든은 《자존감의 여섯 기둥》에서 자신의 삶을 살아가는 방법 중 하나로 '자기 받아들이기', 즉 자기 수용을 제시한다. 나 자신과 적대적 관계에 있기를 거부하고, 나자신과 우호적 관계를 맺는 것이다.

나의 어떤 점을 부정적으로 여기고 있는지 생각해 보자. 집안 환경, 학력, 외모, 소득수준 등에서 끊임없이 자신을 비판하고 비난하고 있지 않은가? 자기를 수용하는 방법으로 너새니얼 브랜든은 3단계를 제시한다.

①단계 나를 소중히 여기며 존중하기
②단계 나의 감정을 받아들이기
③단계 행동의 내적 동기 이해하기

　존중이란 나 자신을 귀중하게 여기며 행동하는 것이다. 지금이 순간 일어나는 감정을 소중히 받아들이며, 나의 행동에 대해 비난의 말 대신 이해가 필요하다. 피오나 공주의 마음속에 내재되어 있던 사랑받고 싶은 마음(이것이 내적 동기다)을 스스로 이해하면 된다. '아! 사랑받고 싶었구나!' '슈렉이 떠나는 것이 두렵구나!'와 같이 자신의 마음을 공감하고 이해하고 수용할 때 '진짜 자기'의 삶을 살아갈 수 있다. 남들이 원하는 '가짜 자기'의 삶이 아닌, 진짜 나로서의 참 만남을 시작하길 바란다.

자신을 돌아봤을 때 부족하다고 느껴지는 점이 있나요? 대인관계, 외모, 경제력, 직업, 소통방식 등에서 나 자신을 수용하기 어려운 점이 있다면 작성해 보고, 변화를 위한 방향을 생각해 보기 바랍니다.

Self-care 1. 나의 삶에서 인정하고 수용하기 어려운 것은 무엇인가요?

_____

_____

_____

Self-care 2. 그 이유는 무엇인가요?

_____

_____

_____

Self-care 3. 자신의 모습을 수용하고 자존감 있는 사람으로 성장할 경우 어떤 행동을 하고 싶으세요? 그것은 어떤 모습인가요?

_____

_____

_____

4 자존감의 2가지 축
- 자기가치감, 자기효능감

카페에서 옆 테이블의 대화를 우연히 듣게 되었다. 직장 동료와 갈등을 겪고 있는 듯했다. 한 친구가 "넌 매사에 부정적으로 생각하는 것 같아. 자존감을 높여봐"라고 말했다. 친구의 자신감 없는 태도에 대한 조언이었다.

몇 년 전부터 방송 매체와 SNS 등에서 '자존감'이라는 단어가 자주 등장한다. 자존감이란 한마디로 '내가 나를 사랑하는 것'이다. 그렇다면 나를 사랑한다는 것을 어떻게 알 수 있을까?

자존감은 '자아' '존중' '감정'으로 구성되어 있다. 내가 나를(자아) 존중하는 마음과 태도가 바로 자존감이다. 나 자신을 '근사한 사람, 괜찮은 사람'이라고 긍정적으로 평가하는 것이다.

관계를 바꾸는 심리학 수업

예를 들어 카페에서 친구와 대화를 나누고 있는데, 친구가 갑자기 당신에게 "아유, 멍청아!"라고 말한다면 어떤 반응(대답)을 보이겠는가?

이때 "왜 그래? 나한테 서운한 거 있어? 나 그 말 들으니 속상하네"라며 자신의 감정과 생각을 표현하는 사람이 있다. 또는 자신의 부족한 면을 들키기라도 한 듯 정색하며 "네가 더 멍청하지? 누구한테 멍청하다는 거야?"라고 즉각 반박하는 사람이 있다. 또 그 상황을 받아들이기 어려워 "우리 다른 이야기하자"라고 웃으며 화제를 전환하는 사람도 있다.

어떤 차이일까? 두 번째와 세 번째는 자신에 대한 신뢰가 없는 사람이다. 자신의 본모습을 친구에게 들켰다는 생각에 화를 내거나 아니면 웃으며 외면한다. 반면 첫 번째는 자신에 대한 신뢰를 기반으로 친구와 대화를 시도한다. 자존감이 높은 사람의 모습이다.

⊘ 당신의 자존감은 몇 점인가요?

나 자신을 주관적으로 평가한다면 10점 만점에 몇 점 정도를 줄 수 있는가? 자존감은 나 자신에 대한 주관적인 평가이다. 자신에 대한 불안감이 높은 사람들은 자신을 높이 평가하기보다 약점을 먼저 찾아내 자신을 낮게 평가한다. 타인은 전혀 인식하지 못하는 약점을 스스로 찾아내 생각하느라, 정작 자신의 긍정적인 측면은 보지 못한다.

자신에 대한 평가에 6점을 주었다면 좋은 점은 무엇이고 부족한 4점은 무엇인지 생각해 보자. 무엇 때문에 자신을 6점이라고 평가했는지 종이에 적어보며 객관적으로 살펴보길 바란다.

⊘ 자존감의 구성요소 : 자기가치감, 자기효능감

우리 일상에는 '자존감 도둑'이 있다. 어린 시절과 학창 시절의 친구, 직장 동료, 경쟁사회, SNS에 올라오는 타인의 화려한 일상, 길거리 광고판에 등장하는 모델들의 외모를 보면서 끊임없이 자신과 비교하며 자존감을 떨어뜨린다. 이런 환경에서 나를 지켜내는 것은 쉽지 않다.

심리학자 버지니아 사티어는 '타인의 제한된 시선으로 당신을 규정하지 말'고 강조한다. 상대방이 가지고 있는 신념과 가치관, 경험 등으로 나 자신을 판단할 수 없다. 자존감은 타인의 시선이 아닌, 나의 시선으로 나를 바라보는 것이다. 이를 통해 어떤 환경에서도 변함없이 나의 가치를 지켜내야 한다.

타인의 시선이 아닌 나의 시선으로 나를 바라보기 위해서는 자존감의 두 가지 축인 '자기가치감'과 '자기효능감'을 높여야 한다. 자기가치감은 자신에 대한 믿음의 반영이다. 스스로를 어떤 사람으로 정의 내리고 있는지에 대한 부분이다. 친구가 '바보야'라고 말했을 때 자기가치감이 높은 사람은 그 말에 흔들리지 않는다. 자기효능감은 자신의 능력과 역량에 대한 긍정적 인식이다. 회사에서 새로운 업무를 지시받았을 때 자기효능감이 높은 사람들은 시도하고 도전한다. 그동안 자신이 발휘한 역량을 기억하기 때문이다.

자존감은 두 가지 축의 균형이 중요하다. 자기가치감만 높을 경우 나르시시즘의 성향을 보이며, 자기효능감만 높으면 반사회적 성향이 높아질 수 있다.

1) 자기가치감

자기가치감은 '나는 가치 있는 사람'이라고 느끼는 감정이다. 당신은 스스로를 가치 있는 사람으로 여기고 있는가? 즉, 스스로를 존중하고 있느냐 하는 것이다. 어떤 상황에서도 당신은 존중받아야 한다. 어떤 옷을 입고 있어도, 어떤 가방을 들고 있어도, 당신의 외모가 어떠하든 상관없다. 물론 경제적 환경도 마찬가지다. 당신 자체를 존귀하게 여기는 마음이 필요하다.

드라마 〈블랙독〉에서는 인간관계를 2:6:2 법칙으로 설명하는 대사가 나온다. 10명의 사람이 모이면 2명은 나를 좋아하고, 6명은 나에게 관심이 없으며, 2명은 나를 싫어한다고 한다. 이유 없이 나를 싫어하는 2명과 관심 없는 6명으로 인해 나 자신을 평가절하할 필요가 없다.

가치감이라는 단어에는 주인의식이 수반된다. 내 삶의 주인이 되어야 한다. 나의 가치는 상황에 의해 변하지 않는다. 어떤 상황에서든 나는 존귀하다.

2) 자기효능감

자기효능감은 '내 문제는 나 스스로 잘 해결할 수 있다'고 느끼는 감정이다. '회사에서 일하던 중 문제가 발생했다' '동료와 갈등이 생겼다' '다음 주에 자격증 시험이 있는데, 이번에는 어렵게 출제된다고 한다' 등의 난관에 맞닥뜨리면 어떤 생각이 먼저 드는가? 피하고 싶다거나 누군가에게 도움받아야겠다는 생각이 먼저 든다면 자기효능감이 낮은 사람일 수 있다. 자기효능감이 낮으면 새로운 일에 도전하기 쉽지 않다. 반면 '나는 해결할 수 있어' '지금은 능력이 부족하지만 노력하고 준비하면 가능해'라고 자신의 능력을 믿고 있다면 자기효능감이 높은 편에 속

한다.

심리학에서는 자신의 믿음대로 행동하고 피드백을 주는 것을 '자기충족예언'이라고 한다. '난 노력해도 안 돼' '난 무능력한 사람이야' '난 실패자야'라는 식으로 자기충족예언을 하면 예언대로 행동하게 된다. 자신의 능력을 과소평가하지 말자. 지금까지 모든 역경을 이겨낸 사람은 당신이다. 당신의 능력을 믿기 바란다.

⊘ 자기가치감과 자기효능감의 균형

자존감의 두 가지 축에서 한 가지가 높다고 자존감이 올라가지 않는다. 자기가치감과 자기효능감의 균형이 필요하다. 크리스토퍼 멀크 박사는 《자존감 연구, 이론 및 실제》에서 두 축의 균형이 다를 때 발생할 수 있는 4가지 유형을 제시한다.

1) 자기도취적 자존감
자신의 가치를 높게 평가하지만 자기효능감은 낮은 경우이다. 이들은 자존감을 유지하기 위해 타인의 도움을 필요로 한다. 나의 능력으로 할 수 있는 일이 없으니 타인에게 의존하는

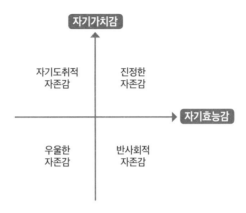

성향이 강하다. 문제는 자기 신념이 높아지면 타인이 나를 도와주는 것이 당연하다고 생각하며, 나 중심의 나르시시즘에 빠지게 된다.

이들은 스스로 할 수 있는 작은 도전 과제를 정해 문제를 해결해 보며 자기효능감을 높여야 한다. 누군가에게 의존하기보다 스스로 문제를 해결하는 습관이 필요하다.

2) 반사회적 자존감

자기가치감은 낮고 자기효능감이 높은 유형이다. 이들은 성취와 실적 등을 중요하게 여긴다. 내 자존감을 유지하는 방법이기 때문이다. 자신이 한 일에 대해 긍정적인 평가를 받는 경우에만 자기가치감을 느낀다. 이들이 견디기 어려운 순간은 일에서 실수하거나 실패했을 때이다. 이러한 성향이 지나치면 수단과 방법을 가리지 않고 성취하려는 반사회적 모습, 업무의 무임승차, 비도덕적인 모습을 보일 수 있다.

이들은 내가 어떤 사람인지 정의를 내려봐야 한다. 자신이 무엇을 할 때 행복하고 즐겁고 만족감을 느끼는지 자기성찰이 필요하다. 일만 하려고 태어난 인생이 아니다.

3) 우울한 자존감

자기가치감과 자기효능감이 모두 낮은 유형이다. 따라서 작은 일에도 근심과 걱정이 많다. 필자가 홍보팀에서 회사생활을 할 때 매일 무기력하게 앉아 있던 전산팀 김 대리가 있었다. 홍보팀과 협업이 필수인데도 김 대리는 '이건 내가 할 수 없어'라며 항상 뒤로 물러서 있었다. 자신에 대한 가치와 효능을 믿지 못했던 거 같다.

이들에게 필요한 것은 삶의 생동감을 다시 찾는 것이다. 자신이 즐겁게 할 수 있는 일을 찾아 작은 일부터 시간과 기한을 쪼개서 시작해 봐야 한다. 예를 들어 '등산하고 싶어'라는 생각이 들었다면 바로 등산하는 것이 아니라 내가 할 수 있는 것부터 계획해 보는 것이다. '이번 주 토요일은 동네 공원 20분 걷기, 그다음 주에는 동네 뒷산 30분 걷기' 등을 계획하고 실천해서 할

수 있다는 자기효능감과 자기가치감을 동시에 키우는 연습이
필요하다.

4) 진정한 자존감

자기가치감과 자기효능감이 모두 높은 유형이다. 삶의 목적
과 방향성이 뚜렷하기 때문에 자신의 삶을 적극적으로 살아간
다. 외부의 자극에 휘둘리지 않고 정서적 안정감을 가지고 있다.

우리에게 필요한 것은 '진정한 자존감'이다. 타인의 말에 휘둘
리지 않고 나 자신을 믿으며 살아가야 한다. 삶의 생동감을 느
끼며 건강한 인간관계, 업무에서 자신감을 가지는 모습을 상상
해 보면 좋다.

심리학에 '기적질문'이라는 것이 있다. 미래의 긍정적인 모습
을 구체적으로 상상해 볼 수 있는 질문 기법이다. 당신의 자기가
치감과 자기효능감이 높아진다면 인간관계, 직장생활, 가정생활
등에 어떤 변화가 생길지 질문해 보며 기분 좋은 상상을 해보자.
이러한 기적질문을 통해 진정한 자존감을 높일 수 있다.

자존감을 높이기 위해서는 자기가치감과 자기효능감을 먼저 생각해 보아야 합니다. 이를 위해 지금 내가 무엇을 하면 좋을지 작성해 보세요.

(자기가치감 자기개념 작성)

'나는 _____ 사람이다'라고 했을 때 당신에 대해 떠오르는 문장을 적어보세요.

① 나는 사랑받을 수 없는 사람이다.

② _____

③ _____

위 문장을 크게 읽어보고, 부정적인 문장을 긍정적으로 바꿔보세요.

① 나는 사랑을 주고받을 수 있는 사람이다.

② _____

③ _____

자기효능감 자기개념 작성

무엇 때문에 당신을 부족한 사람으로 평가하고 있는지, 자신의 능력이 부족하다고 생각하는 내용을 모두 적어보세요. 그중 바꾸고 싶은 내용을 우선순위로 목록을 적어보세요. 그리고 가까운 시일 내에 실현가능한 것은 무엇인지 작성해 보세요. 성취했을 때 자신의 모습을 응원하고 즐거운 보상도 해주세요. 예를 들어 '산책을 한 후 커피를 마시겠다' 등입니다. 목록 중에 바꿀 수 없는 것은 수용하는 태도도 필요합니다.

1. 자신의 능력이 부족하다고 생각하는 내용

시간관리, 체력 …

_____

_____

2. 나의 부족한 모습 중 바꾸고 싶은 내용(우선순위)

1순위 : 체력, 2순위 : 시간관리 …

_____

_____

3. 자기효능감을 위한 목록과 보상

① 체력 관리를 위해 주 3회 5천 보 걷기 후 커피 마시기

② _____

③ _____

5 나에 대해 궁금한 순간
- 성격 5요인

김고민 과장은 점심시간에 MZ세대 직원들과 나누는 대화가 흥미롭다. "넌 ESFP구나! 어쩐지 친화력 갑에 인싸더라니. 난 ESTJ야. 그래서 내가 자기표현이 확실하지."

직원 한 명이 "과장님은 MBTI가 어떻게 되세요?"라는 질문에 "아직 해보지 않아서"라며 둘러댔다. 김 과장은 'MZ세대들은 자신에 대해 호기심이 많네'라는 생각이 들며, '나는 어떤 유형일까?' 하는 궁금증이 생겼다.

⊘ 나의 MBTI는 무엇인가?

MBTI The Myers-Briggs-Type Indicator는 자기보고식 성격유형검사로,

사람의 성격을 16가지 유형으로 나눈 것이다. 정신과 의사이자 정신분석학 창시자 카를 구스타프 융의 '심리유형론'을 근거로 만들어졌으며, 2개의 쌍으로 이루어져 있다.

첫 번째는 '에너지를 어떻게 쓰는가?' 하는 에너지 방향에 관한 것으로 '외향형(E)과 내향형(I)'이 있다. 외향형(E)은 에너지가 외부로 향해 있어서 대인관계의 폭이 넓다. 내향형(I)은 에너지가 안으로 향해 있어서 다수보다 소수의 사람들과 어울리는 것을 더 선호한다. 외향형은 사람과의 관계에서, 내향형은 혼자만의 시간을 보내면서 에너지를 충전한다.

두 번째는 '정보를 어떻게 인식하는가?' 하는 정보 인식에 대한 것으로 '감각형(S)과 직관형(N)'이 있다. 감각형(S)은 사실과 현실성에 초점을 두며 구체적인 것을 선호한다. 일 처리를 할 때 정확하고 철저하며 관례에 따르는 경향이 있다. 반면 직관형(N)은 통찰과 가능성에 초점을 두며, 포괄적인 개념을 선호한다. 일 처리를 할 때 비약적인 면도 있으며, 새로운 시도를 좋아하고 미래지향적이다.

세 번째는 '의사결정을 어떻게 내리는가?' 하는 의사결정 방식에 관한 것으로 '사고형(T)과 감정형(F)'이 있다. 무언가를 결정할 때 사고형(T)은 객관적인 사실에 따른 논리와 원칙을 중요하게 여기며 원인과 결과를 따진다. 반면 감정형(F)은 인간관계

관계를 바꾸는 심리학 수업

를 더 중요하게 여기며 주관적인 판단과 자신에게 얼마나 의미 있는지를 중심으로 결정한다.

네 번째는 '어떤 라이프스타일을 선호하는가?' 하는 생활양식에 관한 것으로 '판단형(J)과 인식형(P)'이 있다. 판단형(J)은 결과 중심적으로 신속하게 결정을 내리며, 뚜렷한 기준을 가지고 계획적·체계적으로 행동한다. 반면 인식형(P)은 상황에 따라 적응하는 자율성을 선호하며 결론보다 과정을 즐긴다. 환경의 변화에 유연한 태도를 보인다.

당신은 어떤 유형인가? 위의 내용을 토대로 자기평가(추측)를 해본 후 정식으로 진단해 보길 바란다.

⊘ 성격이란 무엇인가?

인간의 성격은 크게 '독특성'과 '안정성'이라는 2가지 특징으로 나눌 수 있다. 독특성은 한 사람의 성격이 다른 사람과 구별되는 고유의 특성이다. 안정성은 시간과 상황이 변해도 일관되게 나타나는 행동 패턴이다.

그렇다면 성격은 만들어지는 것일까, 타고나는 것일까? 성격은 유전적인가, 환경적인가? 학자들마다 의견 차이가 있지만,

유전적 요인이 더 큰 것으로 알려져 있다. 영국 케임브리지대학교 심리학과 브라이언 리틀 교수는 《성격이란 무엇인가》에서 "성격 특성에서 유전적 요소가 50%이며, 성격은 삶의 질에 영향을 미친다"고 말한다. 즉, 성격은 잘 변하지 않는다.

예를 들어 어린 시절 내향적이었던 친구가 군 제대 후 외향적으로 변했다고 하는 경우가 종종 있다. 이 친구가 포상휴가를 위해 족구와 축구 등에 적극적으로 참여했다면 사회적으로 외향적인 기술이 향상된 것이다. 회사를 다니면서 친구가 내향적으로 변했다면 성격이 변한 것일까? 함께 일하는 팀에 내향적인 사람들이 많이 모여 있어서 거기에 적응하기 위해 내향적 기술이 하나 더 추가된 것이다.

나에 대해 자세히 알고 싶다면 다양한 심리검사를 해보는 것도 좋다. 물론 진단에 의지하거나 나를 틀에 끼워 넣는 것은 위험하다. 자신을 이해하는 도구로 사용해야 한다.

⊘ 심리학자들 사이에서 유명한 '성격 5요인'

심리학자들이 개인의 행동과 판단 성향을 구분하기 위해 많이 사용하는 검사 중 하나가 '성격 5요인(Big-5 모델)'이다. 개방성

Openness to experience, 성실성Conscientiousness, 외향성Extraversion, 친화성 Agreeableness, 신경성Neuroticism의 5가지 요인과 각각 6개의 하위 요 인으로 구성되어 있다. 첫 글자를 따서 OCEAN 모델이라고 하 며, 각 요인의 높고 낮음으로 성격을 판단한다.

성격 5요인은 폴 코스타 주니어와 로버트 매크레이가 정리한 모델이다. 많은 학자들은 5가지 성격요인만으로 인간의 특성을 설명할 수 있다고 한다.

1) 경험에 대한 개방성Openness to experience

개방성은 지적 자극과 호기심, 변화를 수용하는 성향을 의미 한다. 하위 요인으로 '상상력, 감수성, 심미, 변화, 지적 호기심(새 로운 아이디어), 가치'가 있다.

경험에 대한 개방성이 높은 사람은 상상력과 창의력이 풍부 하고 도전적이다. 새로운 경험, 혁신, 정보와 가치를 추구하는 것에 거부감이 없고 변화를 잘 받아들인다. 반면 낮은 사람은 흥미를 갖는 영역이 제한적이며 권위에 순응하고 관습적인 성 향을 띤다.

경험에 대한 개방성이 높은 사람과 낮은 사람이 한 팀에 있을 경우 개방성이 낮은 사람은 새로운 것보다 안정적이고 익숙한 것을 더 추구하면서 갈등이 일어날 수 있다.

2) 성실성Conscientiousness

성실성은 사회적 규칙, 규범, 원칙을 잘 준수하는 것이다. 성실성이 높은 사람은 안정적이고 계획적이며 미래지향적인 모습을 보인다. 주로 사람과 관련된 요인보다 일과 공부(자기계발)에 관련된 행동특성을 보인다. 하위 요인에는 '자기유능감, 정돈(체계성), 책임, 성취 지향(목적 지향), 자율, 신중'이 포함된다.

성실성이 높은 사람은 자신의 목표와 과업을 달성하고자 하는 의지가 강하다. 그러나 지나치면 강박성과 일 중독성을 보일 수 있다. 반면 낮은 사람은 일관성이 없고 산만하며 분명한 목표가 없다.

성실성이 낮으면 삶의 질과 효율성이 떨어지는가? 브라이언 리틀 교수는 "성격과 삶의 질을 파악할 때 개인의 성격과 그 사람이 활동하는 사회(예술, 문화 등)도 같이 고려해야 한다"고 말한다. 예를 들어 미국 털사 지역에서 '재즈 뮤지션'을 대상으로 연구한 결과 성실성이 높은 다른 동료와 비교하여 성실성이 낮은 호건 부부(밥 호건과 조이스 호건)의 업무 효율성이 높게 나왔다. 원인은 이들의 직업적 특성에 있었다. 새로운 음악과 즉흥 연주를 하는 재즈 뮤지션의 경우 높은 성실성이 업무의 효율성을 의미하지 않았다. 이처럼 성실성이 높다고 해서 무조건 업무 효율성이 높은 것은 아니다.

관계를 바꾸는 심리학 수업

3) 외향성Extraversion

외향성은 사람들과 만나는 것을 좋아하고 관계를 주도하려는 특징으로, 하위 요인에는 '온정, 사교, 주장, 활력, 열정, 낙천'이 있다.

외향성이 높은 사람은 새로운 사람들을 쉽게 사귀고 자기주장이 강한 편이며 자극과 흥분을 즐긴다. 반면 낮은 사람은 조용하고 혼자 시간을 보내는 것을 즐기며 자신을 잘 분석한다.

외향성은 사람들과 잘 사귀기는 하지만 인간관계를 잘 유지하는 것을 의미하지는 않는다. 인간관계를 유지하는 것은 친화성과 관련이 있다.

4) 친화성Agreeableness

친화성은 대인관계에서 사람을 신뢰하고 존중하며 다른 사람들과 조화로운 관계를 유지하는 정도를 의미한다. 하위 요인에는 '신뢰, 솔직, 이타, 순응, 겸양, 온유'가 있다.

친화성이 높은 사람은 따뜻하고 타인을 신뢰하며 공감하는 태도를 보인다. 반면 낮은 사람은 자신에게 집중하며 타인에 대한 의심이 많고 비협조적이며 적대적인 모습을 보인다.

5) 신경성Neuroticism

신경성은 일상생활에서 발생하는 부정적 신호에 대한 민감성으로, 반대되는 특성은 '정서적 안정성'이다. 주변 환경에 쉽게 반응하며, 하위 요인으로 '걱정, 분노, 불안, 열등, 충동, 심약'이 있다.

고민이 생기면 잠을 제대로 못 자고 업무에 문제가 생겼을 때 초조하고 불안하며 신경이 날카로울 가능성이 있다. 누구나 문제가 생기면 걱정하게 마련이지만 지속적인 행동패턴을 보인다면 신경성이 높은 것이다. 이들은 부정적인 정서를 쉽게 경험하고 스트레스 상황을 견디기 어려워한다. 이러한 신경성은 삶의 질과도 연관된다.

반면 '정서적 안정성'이 높은 사람은 일상에서 일어나는 일에 상처를 적게 받는다.

⊘ 성격은 바꿀 수 있는가?

영국의 심리학자 대니얼 네틀은 《성격의 탄생》에서 '성격을 바꿀 수 있는가?'에 대해 3가지로 설명한다.

첫째, 성격 특성 수치는 크게 변하지 않는다.

둘째, 자신의 성격을 바꾸는 것이 아니라 자신의 성격을 표현하는 방식이 다양하기 때문에 어떤 행동을 선택할지 결정하면 된다. 재즈 뮤지션 호건 부부의 사례처럼 성실성이 낮더라도 자신의 성격에 맞는 직업을 선택해 효율성을 높이면 된다. 신경성이 높은 사람이 불안으로 인해 대인관계에서 갈등을 자주 초래한다고 생각해 보자. 이 경우 긍정적인 대안을 선택하면 된다. 예를 들어 대인관계에서 갈등이 생겼다면 즉각 반응하는 것이 아니라 불안한 감정이 가라앉았을 때 자신의 감정을 솔직하게 말하는 것이다.

셋째, 자신이 변화하고자 하는 방향에 맞춰 '삶의 습관'을 만들 수 있다. 예를 들어 신경성이 높다면 요가와 명상을 하면 도움이 된다.

이처럼 성격을 변화하기 위해서는 '자신의 성격을 바꾸겠다'는 것이 아니라 '자신의 성격을 주도하겠다'는 생각을 가져야 한다. 성격 5요인을 바탕으로 자신의 성격을 이해하고 성찰한 다음 무엇을 할지 고민하고 실천해 보자. 다시 말하지만 변화의 첫걸음은 나를 이해하는 것이다.

변화하고자 하는 마음이 바로 들지 않으면 '시나브로'라는 말을 떠올려 보자. 시나브로는 '모르는 사이에 조금씩'이라는 의미다. 개구리를 뜨거운 물에 넣으면 바로 튀어 올라 도망치지만, 차가운 물에 넣고 서서히 가열하면 개구리는 물의 온도가 올라가는 것을 알아채지 못하다가 이미 온도가 올라갔을 때는 도망치지 못하는 상태가 된다. '시나브로'는 당신이 모르는 사이에 변화가 시작되지만, 이를 알았을 때는 이미 늦었다는 뜻이다.

가령 친화성이 부족하다고 해서 당장 어려움이 생기는 것은 아니다. 그런데 시간이 지나면서 서서히 알게 된다. 주변의 좋은 사람들이 나를 떠나고 있음을 말이다. 나의 친화성을 떠올려 보고, 변화할 수 있는 행동방법을 실천해 보자. 이때 즉각적인 변화가 일어나지 않는다고 해도 속상해하지 말자. 이것 역시 '시나브로'이다. 당신의 삶은 조금씩 긍정적으로 변해 가고 있을 것이다.

성격을 설명할 때 경계해야 하는 것은 자신의 성격을 하나로 정의하지 않는 것이다. 마음관리 강의를 하다 보면 '저는 너무 예민해서 삶이 피곤해요'라고 스스로 정의 내리는 사람이 있다. 이것은 위험한 일반화의 오류이다. 긍정적이고 좋은 성격의 속성은 생각하지 않고, 자신을 예민한 사람으로만 단정 짓는다. 일상에서 불편함을 느꼈기에 크게 부각하는 것이다. "예민하다는 생각이 들 때가 구체적으로 언제인가요?"라고 물어보니 "저는 항상 사람들의 눈치를 보면서 행동해요"라고 대답했다. 사람들의 감정 표현 반응에 예민한 것이다. 이들은 공감능력이 높을 수 있는데, 타인을 공감하듯이 자신의 마음도 공감해 주면 자신의 성격을 긍정적으로 돌리고 예민성을 낮출 수 있다. 이는 성격 5요인의 친화성에 해당한다.

MBTI 성격 진단과 성격 5요인을 강의하다 보면 많은 사람들이 자신의 부정적인 성격 요인을 먼저 찾고 아쉬워한다. 하지만 긍정적인 성격 요인은 제쳐두고 불편한 성격으로 나를 단정 짓지 않기를 바란다.

Self-care Note

다음은 개방성, 성실성, 외향성, 친화성, 신경성의 '성격 5요인'과 각각의
하위 요인입니다. 자신의 성격 특성에 따라 '낮음, 중간, 높음'을 평가해
보세요. 그리고 자신의 성격 특성에 대해 강점과 약점을 생각해 보세요.

성격 5요인	하위 요인	낮음	중간	높음
O. 개방성	상상력			
	감수성			
	심미(예술, 문학, 아름다움)			
	변화(새로운 행동)			
	지적 호기심(새로운 아이디어)			
	가치 진보성			
C. 성실성	자기유능감			
	정돈(체계성)			
	책임			
	성취 지향(목적 지향)			
	자율(내적 동기)			
	신중(신중한 언행)			

관계를 바꾸는 심리학 수업

E. 외향성	온정			
	사교			
	주장			
	활력			
	열정			
	낙천			
A. 친화성	신뢰			
	솔직			
	이타			
	순응			
	겸양(겸손)			
	온유(타인에 대한 관심)			
N. 신경성	걱정(막연한 걱정, 불안)			
	분노			
	위축(외로움, 의기소침)			
	열등(수줍음)			
	충동			
	심약(스트레스 상황의 불안)			

위 항목에서 변화하고 싶은 행동패턴 3가지를 선택하고 실천방법을 작성해 보세요.

요인	이유	실천방법
신경성 : 걱정	막연한 불안감 때문에 잠을 자지 못한다.	잠들기 10분 전 바디스캔 명상

관계를 바꾸는 심리학 수업

6 관계를 망치는 무의식적 행동
- 방어기제

심속상 님은 팀 리더에게 "일은 할 만해요?"라는 질문을 받았다. 무심코 "괜찮습니다"라고 했는데, 리더가 이렇게 말하는 게 아닌가.

"속상 님은 항상 방어적이야. 물어보면 다 괜찮다고 하니, 마음을 알 수가 있어야 말이지."

심속상 님은 그저 웃어 넘겼지만 '내가 방어적인 사람인가?' 하는 생각이 문득 들었다. 사실 힘들어도 내색하기보다 괜찮다고 말하는 것이 더 편했다. 구구절절 말한다고 달라지는 게 있을까 싶어서다.

그녀는 요즘 밥을 먹고 나면 속이 더부룩하다. 병원에 가서 위내시경 검사를 받으니 경미한 역류성 식도염이라고 한다.

'당신은 방어적이야'라는 말은 대체로 상대방이 어떤 도움을 주거나 조언해 주어도 이를 인정하거나 받아들이지 않는 모습을 보일 때 쓰는 표현이다. '방어적'이라는 말은 부정적인 비난의 의미로 들리지만 꼭 그렇지만은 않다. 미국심리학회 정신분석분과의 회장 낸시 맥윌리엄스는 "방어적 심리를 통해 불안, 슬픔, 수치심, 시기심 등의 정서를 피하고 자존감을 유지할 수 있다"고 말한다.

⊘ 방어기제는 어떤 이유로 만들어졌는가?

김욱 팀장은 회사에서 '욱 팀장'으로 불린다. 직원들은 물론 자신의 사소한 실수에도 바로 욱 하며 화를 내기 때문이다. 어떤 문제든 화를 내는 것으로 해결하다 보니 주위의 모든 직원들이 숨을 죽이고 '죄송합니다'라고 말해야 분위기가 해소된다. 김욱 팀장은 직장뿐만 아니라 가정에서도 그랬다.

방어기제는 심리적으로 상처받거나 위협적인 상황에 놓였을 때 나를 지키기 위해 자동적으로 나타나는 행동이다. 나의 고통과 아픔을 피하기 위한, 또는 살아남기 위한 생존방식인 셈이다.

관계를 바꾸는 심리학 수업

김욱 팀장은 '욱' 하는 감정을 충동반사적 행동으로 보여준다. 이는 '행동화'의 방어기제로, 스트레스와 갈등 상황에서 자신의 감정과 욕구를 살피지 못하고 충동적인 행동을 보이며, 자신의 감정을 표현하지 못할수록 더 불안해지는 특징이 있다.

방어기제는 선천적 요인, 유·아동 시기의 경험 등 다양한 요인으로 인해 무의식적으로 만들어진다. 김욱 팀장과 같이 특정 방어기제를 사용한 경험이 도움되었다면 그 행동 패턴은 계속 반복된다. 하지만 이런 행동이 반복되면 나를 보호해 준다고 믿었던 방어기제는 관계가 멀어지는 촉발제가 되기도 한다.

⊘ 당신은 어떤 방어기제를 쓰고 있는가?

무의식적으로 자신을 상처로부터 보호하기 위해 사용하는 방어기제에는 수동공격형, 전치, 신체화, 합리화 등이 있다. 무의식중에 사용하기 때문에 자신의 방어기제를 확인하는 일은 쉽지 않다. 그러나 감정적으로 상처받는 그 순간 자신의 말과 행동, 표정 등을 성찰하고 관찰해 본다면 어떤 행동을 할지 조정할 수 있다.

1) 간접적으로 공격하기 - 수동공격형

박수동 씨는 이상한 버릇이 있다. 상대가 나의 기대에 못 미치면 뒤에서 험담하곤 한다. 또 상대가 자신의 이름을 불러도 못 들은 척하거나 약속시간에 일부러 늦기도 한다. 이처럼 누군가에게 불만이 있을 때 직접적으로 이야기하지 않고 간접적으로 괴롭히는 행동이 '수동공격형' 방어기제이다.

자신의 분노, 공격적 감정을 상대방에게 직접적으로 표현하지 않고 다른 방식으로 불만을 표출하는 것이다. 예를 들어 약속시간에 늦거나, 대답하지 않거나, 꾸물거리는 행동, 비협조적인 태도 등은 소극적으로 상대의 감정을 자극하는 공격 형태이다. 처음에는 자기만 아는 소심한 복수 정도이지만 계속 반복된다면 관계를 해치게 된다. 상대의 눈에 약속을 지키지 않는 사람, 대답을 피하는 사람, 비협조적인 사람으로 보이기 때문이다.

자신이 수동공격형 방어기제를 사용하고 있다면 이것이 미래에 어떤 영향을 미칠지 멀리 내다보는 관점이 필요하다. 지금의 감정이 불편하다고 부정적인 감정을 바로 드러내는 것은 어린아이의 투정일 뿐이다. 이때 가장 큰 문제는 상대방은 내가 지금 마음이 상했는지 알지 못하고, 이런 수동공격적 행동을 하는 당신을 미성숙하게 평가한다는 것이다.

감정이 불편하다고 느껴진다면 그 이유가 무엇인지, 상대에게 무엇을 기대했는지 살펴보자. 그리고 상대방에게 나의 마음을 명료하게 표현하는 연습이 필요하다.

2) 내 마음을 풀 대상 찾기 - 전치

'종로에서 뺨 맞고 한강에서 눈 흘긴다'는 속담이 있다. 억울하거나 속상한 일이 있을 때 자신의 감정을 다른 사람에게 푸는 것이다. 이런 경우 대부분 덜 위협적인 상대를 골라 화풀이한다. 예를 들어 회사 리더에게 문책을 당했다면 집에 와서 가족에게 화를 내는 것이다. 그럼 나의 마음이 풀릴까? 그렇지 않다. 애꿎은 사람에게 화풀이하면 오히려 마음속에 죄책감, 후회, 자신에 대한 실망감이 솟구친다. 더욱이 상대에 대한 분노는 여전히 남아 있다.

따라서 나의 화를 풀 대상을 찾아서는 안 된다. 이것은 또 다른 희생자를 만드는 것이다. 내 마음을 다스릴 줄 알아야 하며, 내 감정의 책임은 나에게 있다는 사실을 기억해야 한다.

3) 나를 먼저 돌봐야 해요 - 신체화

심속상 님처럼 감정과 정서 상태가 몸으로 표현되는 것을 '신체화'라고 한다. 남들의 눈에는 꾀병처럼 보일 수 있지만, 마음의 문제가 몸으로 나타나는 것이다. 중요한 시험을 앞두고 복통에 시달린 경험, 사랑하는 사람과 헤어지고 앓아누운 경험, 직장 동료와 갈등으로 두통에 시달리는 경험 등이다.

이것은 내가 나를 공격하는 것과 같다. 항상 마음을 편안하게 하고 여유를 가지는 것이 중요하다. 나보다 중요한 것은 없다는 사실을 잊지 말아야 한다.

4) 자존심을 지켜준다는 착각 - 합리화

이솝 우화 〈여우와 신 포도〉에서 여우는 포도를 따 먹으려고 하지만 손이 닿지 않자 '저 포도는 너무 시어서 내가 안 먹는 거야'라며 포기한다. 여우는 먹고 싶은 포도를 못 먹게 되자 변명거리를 생각해 낸 것이다. 이것을 '자기합리화'라고 하는데, 스스로를 정당화하면서 자존심을 지키는 방어기제이다.

소개팅에 나갔을 때 상대방이 나를 거절했다면 'A, B, C의 이유 때문에 내 스타일이 아니었어'라고 합리화한다. 다이어트를 하는 동안 밤늦게 먹고 싶은 욕구를 참지 못하고 음식을 먹으면서 '칼로리가 낮아서 이 정도는 괜찮아'라고 말하는 것도 같은 맥락이다.

가끔 자기합리화하는 것은 삶에 긍정적 영향을 미치기도 한다. 하지만 지속적으로 진실을 회피한다면 점점 현실을 왜곡하게 된다.

이러한 방어기제 외에 유머, 이타성, 승화와 같은 성숙한 방어기제도 있다. 유머는 불쾌하거나 기분 나쁜 감정이 생겼을 때 분위기를 전환하는 것으로, 비아냥거림이나 빈정거림과 다르다. 이타성은 스트레스를 받았을 때 타인에게 선행을 베풀면서 즐거움을 느끼는 것으로, 기부활동·봉사활동 등 타인에게 조건 없이 베푸는 행동이다. 승화는 자신의 부정적인 감정을 바람직한 행동으로 바꾸는 것으로, 속상한 일이 생기면 코인노래방에 가서 큰 소리로 노래를 부르며 해소하는 행동이다.

방어기제는 무의식중에 튀어나오므로 알아차리기 쉽지 않다. 그러나 내 마음이 불편할 때 어떤 행동을 하는지 확인해 보면 다음에는 어떤 행동을 할지 스스로 결정할 수 있다. 또 타인의 행동을 보고 방어기제를 유추해 볼 수도 있다. 타인의 행동을 무의식적 방어기제로 본다면 우리가 타인을 이해하는 마음이 조금은 너그러워진다.

Self-care Note

자신이 주로 사용하는 방어기제는 무엇인가요? 감정적으로 상처를 받는 순간에 어떤 말과 행동을 했는지 생각해 보고, 다음에 유사한 상황이 온다면 어떤 말과 행동을 할지 작성해 보세요.

Self-care 1. 최근에 마음이 불편했던 순간이 있었다면 언제였나요?

_____

_____

Self-care 2. 나는 어떤 행동을 했나요?

_____

_____

Self-care 3. 다음에 비슷한 상황이 온다면 어떻게 행동(생각)하고 싶은 가요?

_____

_____

_____

CHAPTER 2

나의 감정을
이해하고
싶습니다

1

감정 조절을 위한 첫걸음
- 자기공감

과거 한 방송에서 '아, 그랬구나!'라는 말을 언제 어디서나 사용할 수 있는 공감의 표현이라고 소개했다. 한동안 이 말이 감정의 소용돌이에서 벗어날 수 있는 만병통치약처럼 들렸다. 하지만 이 말은 공감이 아니라 조롱처럼 느껴지기도 한다. 언어적표현에 집중하다 보니 본질이 흐려진 것이다. 내 감정을 스스로이해하고 수용하지 않은 상황에서 '아, 그랬구나!'라는 말은 자칫 공허한 메아리에 그칠 수도 있다.

이처럼 모두가 공감할 수 있는 표현이라고 해도 각자 처한 상황과 입장, 이해관계, 가치관, 성격, 살아온 삶 등에 따라 각자 받아들이는 느낌도 다를 수밖에 없다. 따라서 감정을 공감하기 위해서는 감정이 일어난 배경(원인, 욕구)을 먼저 이해해야 한다.

⊘ 상황과 감정 사이 - '해석'

마케팅팀의 김눈치 주임은 전월부터 이달까지의 마케팅 분석 데이터를 정리해 퇴근 전에 회의하자는 팀장님의 업무 지시를 받았다. 퇴근 무렵에 마무리되었는데, 팀장님이 자리에 없어 자료만 올려놓고 퇴근했다. 다음 날 아침 출근해서 팀장님을 보고 반갑게 인사를 했는데, 팀장님은 인사를 받아주지 않고 그냥 지나가 버렸다.

순간 김 주임은 불안하면서도 당황스러웠다. '어제 회의하지 않고 말없이 퇴근해서 팀장님이 화나신 걸까?' 하는 생각이 스쳤다. 하루 종일 팀장님의 눈치를 보면서 찝찝한 마음을 감출 수 없었다.

김눈치 주임은 팀장님이 인사를 받지 않고 그냥 지나갈 때 어떤 감정을 느꼈을까? 당황스러움, 억울함, 난처함 등의 감정을 느꼈을 것이다. 이 감정은 어제 팀장님을 보지 않고 퇴근한 상황 때문이었다. 김 주임은 팀장님이 인사를 받아주지 않은 것에 대해 혼자 해석(생각)한 후에 행동으로 표현했다. 김 주임의 상황을 '상황 - 생각 -감정 - 행동' 순으로 정리해 보자.

- **상황** : 팀장님께 인사했지만 지나쳐 버림
- **생각** : '내가 회의하지 않고 퇴근해서 화가 난 게 분명해!

하지만 회의시간을 지키지 않은 건 팀장님 아닌가?'

- **감정** : 당황스러움, 억울함, 짜증
- **행동** : 하루 종일 팀장님의 눈치를 보게 됨

그런데 팀장은 정말 화가 났을까? 다른 이유는 없었을까? 김 주임이 인사하는 것을 보지 못했을 수도 있다. 물론 김 주임의 생각처럼 화가 나서 인사를 받아주지 않은 것일 수도 있다. 팀장의 생각을 확인하기 위해서는 직접 물어봐야 한다.

김 주임은 팀장이 자신에게 화가 났을 거라고 지레짐작했다. 왜 그럴까? 사람은 경험한 사건을 근거로 생각하기 때문이다. 어제 팀장님과 회의를 하지 않고 바로 퇴근한 김 주임의 입장에 서는 '나에게 화가 났다'는 생각이 먼저 들 수밖에 없다. 이것이 '맥락'이다. 사람은 맥락에 따라 생각한다. 만약 김 주임과 팀장의 관계가 긍정적이었다면 '나를 보지 못했나?' 하는 생각을 먼저 했을 수 있다. 이처럼 감정을 조절하기 위해서는 생각의 유연함이 필요한데, 감정이 격해질수록 생각을 유연하게 하기는 쉽지 않다. 이때 해야 할 일은 자신의 감정을 알아차리고, 수용을 통해 비합리적이고 위협적인 생각에 빠져들지 않게 해야 한다. 자신의 감정을 이해할수록 감정은 고요해지면서 생각의 유연함이 생긴다.

⊙ 내 감정을 위로하는 자기공감

김 주임은 '팀장님이 나에게 화가 났어. 퇴근하기 전에 연락했어야 했는데' '회의하자고 해놓고 자리를 비운 건 팀장님 아닌가?' 등의 생각이 들었다. 김 주임은 억울한 마음이 들어 팀장을 비난하거나 자책하기도 했다. 하지만 자책과 비난은 감정을 더 격하게 만들 뿐이다. 이 순간에는 자신과 상대를 비난하는 목소리가 아닌 '자기공감'이 필요하다. 자기공감은 자신의 감정을 이해하는 것이다. 김 주임에게는 '괜찮아, 걱정하지 마'라는 따뜻한 말 한마디가 더 필요할 것이다.

필자가 어린 시절 친구들과 다투고 울면서 집에 돌아오는 날은 어머니가 꼭 안아주셨다. 그리고 등을 토닥이며 "우리 선영이가 속상했구나. 엄마가 가서 혼내줄까?"라고 말씀하셨다. 그 말이 마음의 위로가 되어 친구와 다투었던 감정이 눈 녹듯 사라졌다. 어머니의 따뜻한 공감이 안정감을 준 것이다.

공감은 누군가에게 받을 수도 있지만 나 스스로에게도 할 수 있다. 공감의 대상을 자신에게 돌려 자신의 감정을 먼저 헤아리는 것이 '자기공감'이다. 자기공감은 자신의 감정을 있는 그대로 느끼고 받아들이면서 지금 이 순간 내가 듣고 싶은 따뜻한 말을 나에게 건네는 것이다.

일상에서 어떤 감정을 느꼈을 때 외면하고 비난하는 경우가 종종 있다. '지금 화를 내는 것은 세련되지 못한 거야'라고 말이다. 하지만 우리가 느끼는 모든 감정은 잘못된 것이 아니다. 지극히 자연스러운 것이다. 본인의 감정을 이해하고 공감하는 것이 우선이다. 힘들어하는 자신에게 따뜻한 말을 먼저 해주어야 한다. 이처럼 자기공감은 감정을 조절하기 위한 첫걸음이다.

⊘ '지금 이 순간' 나에게 하는 말

힘들어하는 나는 어떤 말을 들을 때 성난 마음이 가라앉을까? 내가 요즘 가장 듣고 싶은 말은 무엇인가? 그 말을 스스로에게 해주자. 나의 상황을 가장 잘 이해할 수 있는 사람은 그 누구도 아닌 나 자신이다. 내 마음의 소리에 귀 기울이고 나를 따스하게 안아줄 때 평온한 나를 만나게 된다.

나를 지킬 수 있는 사람은 바로 '나'라는 사실을 잊지 말자. 나의 마음을 스스로 잘 지켜내야 한다. 자신을 한없이 따뜻한 시선으로 바라보고, 나를 위한 말을 해줘야 한다.

힘든 순간, 나를 가장 사랑하는 사람에게 어떤 말이 듣고 싶은가요? 듣고 싶었던 따뜻한 말을 적어보고 스스로에게 건네주세요.

Self-care 1. 최근 속상하거나 힘들었던 상황을 떠올려 보세요.

_____

Self-care 2. 어떤 감정이 들었나요?

_____

Self-care 3. 그 순간 어떤 말이 듣고 싶었나요?

_____

Self-care 4. 나의 심장 또는 심장과 가까이 있는 팔을 토닥이며 반복적으로 그 말을 건네 보세요.

_____

Self-care 5. 지금의 감정은 어떠한가요?

_____

2

내 감정을 기꺼이 받아들이기
- 감정의 수용

김긍정 과장은 스스로를 긍정적이고 스트레스를 받지 않는 성격이라고 평가한다. 어려운 상황에서도 호탕하게 웃으며 밝은 모습을 보여준다. 하지만 사람들에게 보여지는 모습과 달리 그의 속마음은 그렇지 않다.

퇴근 후 집에 홀로 있을 때면 회사에서 있었던 일들이 떠오른다. 무례한 사람에게 화내기는커녕 호탕하게 웃었던 모습, 억울한 상황에서도 표현하지 못하고 감정을 억누른 일, 윗사람에게 칭찬을 들어도 정작 나 자신을 인정하지 못했던 모습…. 당시에는 '감정을 잘 조절한 것 아닌가?'라고 생각했다.

때로는 그러한 상황과 감정을 되새기며 잠들지 못하기도 했다. '이런 감정을 느낀다고 한들 변하는 건 없어. 내가 갑자기 감정을 솔직하게 표현하면 사람들이 나를 어떻게 생각하겠어?'라며 부정적인 감정을 떨쳐내려고 하지만 그럴수록 생각은 꼬리를 물고 이어진다. 김 과장은 억울함, 슬픔, 불안함의 감정을 회피하고자 술로 마음을 달래며 잠들었다.

⊘ 감정은 '정보'다

감정은 일종의 신호이며 정보이다. 감정을 제대로 알아차리지 못하면 현재 자신이 무엇을 원하고, 무엇을 필요로 하는지 알 수 없다. 또 감정을 불필요한 것으로 생각하며 애써 괜찮은 척, 아무렇지 않은 척하거나 감정을 회피하는 행동을 한다. 예를 들어 스마트폰을 보거나 맛있는 음식을 먹으며 부정적인 감정을 떠올리지 않으려고 노력한다.

우리가 감정을 알아차리지 못하는 이유는 무엇일까? 감정을 제대로 표현하는 방법을 배우지 못했기 때문이다. 감정을 표현했을 때 자신이 어떻게 보이는지 생각하고 적어보자.

감정을 표현한다는 것은 바보 같은 짓이다.

감정을 표현한다는 것은 나약한 것이다

감정을 표현한다 해도 나를 알아주는 사람은 없을 것이다.

감정을 표현한다는 것은 _____이다.

감정을 표현한다는 것은 _____이다.

　감정을 표현하기가 어색하다면 어떤 이유 때문인지 생각해 보자. 어린 시절 감정을 표현했을 때 부정적이었던 경험이 내재 화되어 있는지 모른다. 엄격한 가정에서 감정을 억제하는 것을 미덕으로 여겼는지도 모른다. 또는 감정을 표현해도 당신을 이 해해 주는 사람이 곁에 없었을 수도 있다. 다양한 이유로 감정 을 표현하는 것이 어려웠을 것이다.

　하지만 감정을 계속 억누르고 회피하다 보면 어느덧 감정이 무뎌져, 마음의 상처를 인식하지 못한 상태로 상처는 더 깊이 곪 아만 간다.

⊘ 억압하고 회피하면 감정은 사라질까?

　잠시 눈을 감고 1분 동안 흰곰 한 마리를 떠올려 보자. 가능 한 한 생생하게 그려보자. 흰곰이 빙하 위에 있는가? 또는 콜라 를 마시고 있는가? 어떤 장면이든 좋다. 1분이 지나면 눈을 뜨고 흰곰을 떠올리지 말아보자. 어떤가? 흰곰이 사라졌는가? 아니 면 더 생생하게 떠오르는가? 아마도 후자에 더 가까울 것이다.

이를 '사고 억제의 역설적 효과'라고 한다. 사회심리학자 다니엘 웨그너는 '사고의 억압이 우리의 사고에 미치는 영향'을 주제로 실험을 했다. 그는 학생들을 A그룹과 B그룹으로 나누고 모니터 화면에 흰곰을 보여주었다. 1분 후 A그룹은 흰곰을 떠올려도 되지만 B그룹은 흰곰을 떠올리면 안 된다고 지시했다. 그리고 흰곰이 떠오를 때마다 앞에 놓인 종을 치라고 지시했다.

과연 어느 그룹이 종을 더 많이 쳤을까? 흰곰을 떠올려도 된다고 말한 A그룹보다 흰곰을 떠올리면 안 된다고 말한 B그룹이 종을 더 많이 쳤다. '생각하지 말아야지, 느끼지 말아야지' 하면 할수록 더 떠오르는 것이 생각과 감정이다. 감정을 억누르고 회피해도 감정은 사라지지 않는다. 그 순간의 감정을 있는 그대로 수용하고 받아들이는 것이 감정을 관리하는 방법이다.

⊘ 기꺼이 받아들이기

드라마 〈우리들의 블루스〉에서 어린 시절 선아(신민아)의 아버지는 사업 실패 후 자살하고, 어머니는 선아를 버리고 집을 나갔다. 선아는 그 사건으로 오랜 기간 우울증을 앓게 되었고, 결혼을 하지만 결국은 마음의 병으로 이혼에 이른다. 아들의 양육권까지 뺏기며 삶의 의욕을 잃어갈 때 고향 오빠 동석(이병헌)이 선아에게 했던 말이 인상적이다.

"슬퍼하지 말라는 것이 아니다. 슬퍼만 하지 말라는 것이다. 슬퍼도 하고, 울기도 하고, 밥도 먹고, 웃기도 하고, 행복도 하고…."

하나의 감정만 강렬하게 느끼면 불안과 우울 등의 감정이 증폭된다. 하나의 감정이 수용되지 않으니 다른 감정을 느끼기가 어렵다. 그래서 하나의 감정의 늪에 빠지지 말고, 내 안의 슬픔, 분노, 속상함 등의 다양한 감정을 느껴야 한다.

자신의 감정을 이해하는 것은 자신이 느끼는 모든 감정을 '기꺼이 받아들이는 것'에서 시작된다. '마음속으로 기쁘게, 흔쾌히' 받아들여야 한다. 감정을 평가하지 않고 있는 그대로 느껴야 한다. 감정을 기꺼이 받아들이면 지금 겪고 있는 문제를 회피하지 않게 된다.

김긍정 과장은 '좋은 감정'의 함정에 빠져 있다. 지금 이 순간 느끼는 감정을 회피하면서 '경험적 회피'로 심리적 경직성을 보이고 있다. 경험적 회피는 개인이 경험하는 사건을 부정적으로 평가하면서 외면하는 것이다. 역설적으로 경험적 회피를 하면 그 감정은 더 증가할 뿐이다.

⊘ 기꺼이 받아들이기 연습 - 몸의 감각 이해하기

김긍정 과장은 '경험적 회피'로 인해 걱정, 불안, 염려, 우울, 불안, 속상함, 화 등의 감정이 불쑥불쑥 솟구친다. 그 감정은 생각의 꼬리를 물고 계속 생성된다. 한번 솟구친 감정은 쉽게 가라앉지 않는다. 특히 감정을 자주 회피하고 억압했다면 감정의 단어를 인식하기 어려울 수도 있다. 이때는 감정이 일어난 순간에 내 몸의 감각을 알아차리는 것이 도움된다.

심리철학자 윌리엄 제임스는 "감정은 곧 감각이다"라고 말했다. 감정을 단어로 표현하기 전에 몸의 감각에 집중해 보자. 당신은 화날 때 몸의 감각이 어떻게 변화하는가? 또는 슬플 때는 어떤가?

화날 때의 반응

_____

슬플 때의 반응

_____

사람들은 화날 때 어깨 근육이 딱딱해지고, 주먹이 힘껏 쥐어진다. 식은땀이 나기도 한다. 슬플 때는 눈이 뜨거워지거나 몸에 힘이 빠진다. 이처럼 감정에 따라 몸에서 느껴지는 감각은 비슷하면서도 다르다.

단단하고 긴장된 나의 몸과 마음을 부드럽고 편안하게 풀어주기 위해서는 나의 감각에 집중하여 '호흡'을 통해 감각을 깨우는 연습이 필요하다. 그 감정이 왜 생겼는지 찾는 것이 아니라, 지금 이 순간 몸의 감각을 느끼며 코로 숨을 들이마시고 천천히 입으로 내쉰다. 그리고 나의 몸을 다시 한 번 느껴보자. 내 감각이 어떻게 변화하는지 살펴보자. 감각이 더 예민해지든 가라앉든 천천히 숨을 다시 들이마시고 천천히 내쉰다.

이처럼 내 몸의 감각이 느껴질 때 호흡을 통해 지금 이 순간의 감정을 기꺼이 받아들일 수 있다. 호흡을 하다 보면 감정이 잦아들고 편안해질 것이다.

하루 동안 긴장되어 있었던 몸과 마음을 이완하는 방법으로 호흡을 권합니다. 긴장되어 있던 내 몸과 마음(감정, 감각 상태)을 생각하며 호흡을 해주세요. 내 몸에 들어온 부정적인 생각과 감정을 밖으로 뱉어낸다는 생각으로 호흡하면 됩니다.

Self-care 1. 우선 편안한 자세를 만드세요. 앉아 있어도 좋고, 누워도 괜찮아요.

Self-care 2. 몸에 전해지는 촉감을 느껴보세요. 앉아 있다면 발바닥의 촉감을, 누워 있다면 등의 촉감을 느껴봅니다.

Self-care 3. 코로 숨을 깊게 들이마시고, 잠깐 1초 멈추고 다시 천천히 입으로 숨을 내뱉어 주세요. 들이마실 때보다 숨을 더 천천히 길게 내쉬면 됩니다.

Self-care 4. 내 몸의 감각이 어떻게 변화되었나요?

Self-care 5. 다시 코로 숨을 깊이 들이마시고, 잠깐 1초 멈추고 다시 천천히 입으로 숨을 내뱉어 주세요.

3

감정에도 종류가 있다
- 감정 라벨링

광고기획팀에서 일하는 이외면 씨는 '내가 지금 여기서 무엇을 하고 있는 거지?'라는 생각이 들면서 우울감, 절망감, 무망감에 빠져 있다. 대학에서 국어국문학을 전공하고 드라마 작가를 꿈꾸었지만 주변의 만류로 대기업 광고기획팀에 입사했다. 하지만 일하면서도 만족감을 느끼지 못하고 '모두 이렇게 일하겠지? 나만 유난 떠는 건 아닐까?'라며 애써 자신의 감정을 외면하지만 그럴수록 감정은 더욱 깊어지고 우울해진다.

⊘ 일차 감정, 이차 감정, 도구적 감정, 핵심감정

감정에는 일차 감정, 이차 감정, 도구적 감정, 핵심감정이 있다. 이를 잘 이해하면 자신의 감정을 더 잘 조절할 수 있다.

일차 감정은 어떤 상황에서 느끼는 첫 번째 감정으로, 평가와 해석을 하지 않은 감정이다. 이차 감정은 일차 감정에 대해 내가 반응하면서 해석하고 평가한 감정이다.

이외면 씨의 '내가 지금 여기서 무엇을 하고 있는 거지?'라는 말에는 자신의 꿈을 이루지 못한 슬픔과 두려움이 체념 속에 묻어 있다. 이는 일차 감정이다. 그리고 '모두 이렇게 일하겠지? 나만 너무 유난 떠는 거 아닐까?'라고 인지적으로 평가하면서 겸연쩍고 무안한 감정이 든다. 이는 이차 감정이다. 평가와 해석으로 만들어진 이차 감정이 강렬해질수록 일차 감정을 수용하기 어려워진다.

세 번째 도구적 감정은 내가 원하는 것을 얻기 위해 사용하는 감정이다. 이것은 의식적일 수도 무의식적일 수도 있다. 흔히 '목소리 큰 사람이 이긴다'는 말처럼 누군가를 제압하기 위해 소리 지르거나 화를 내는 것이다. 화를 냈을 때 원하는 것을 얻어낸 경험에서 비롯된다.

예를 들어 약속시간에 자주 늦는 여자 친구에게 화가 난 남자 친구가 "약속시간 좀 지켜"라며 짜증 섞인 말을 했다. 이때 여자 친구의 일반적인 반응은 "미안해" 또는 "다음에는 꼭 일찍 올게"라는 것이다. 그런데 여자 친구가 "그렇게까지 말해야겠어"라며 눈물을 글썽인다면 어떨까? 남자 친구는 당황해서 여자 친구에게 짜증 낸 것을 사과한다. 여자 친구는 무의식적이든 의식적이든 자신이 원하는 것을 얻기 위해 감정을 사용했다. 도구적 감정은 이처럼 대인관계에서 중요한 감정이다.

마지막으로 핵심감정은 내가 자주 반복적으로 느끼는 감정이다. 핵심감정은 기본적인 욕구의 충족 및 좌절에 의해 6세 이전에 형성된다고 한다. 힐러리 제이콥스 헨델은《오늘 아침은 우울하지 않았습니다》에서 핵심감정을 두려움, 분노, 슬픔, 혐오, 기쁨, 흥분, 성적 흥분 등 7가지로 설명한다.

삶에서 핵심감정이 중요한 이유는 무의식중에 드러나기 때문이다. 가령 어린 시절 부모님의 관심과 돌봄을 받지 못한 아이에게 '부모님이 언젠가 나를 떠날 거야'라는 두려움이 핵심감정으로 자리 잡았다면 아이는 성장하면서 두려움을 해소하기 위해 의존적인 반응을 나타낼 수 있다. 이처럼 핵심감정은 자신의 삶을 잘못 해석하고 대처반응을 만들어 내기도 한다.

그럼 핵심감정은 변화하는가? 그렇지는 않다. 핵심감정은 변하지 않지만 이것을 제대로 해석해서 어린 시절 개인에게 어떤 욕구의 좌절이 있었는지 찾아내어 긍정적인 대처반응으로 만들어 가면 된다.

⊘ 감정을 수용하고 이름 붙이는 '감정 라벨링'

감정을 잘 이해하기 위해서는 감정을 세분화해서 살펴보는 연습이 필요하다. 심리학자 리사 펠드먼 배럿은《감정은 어떻게 만들어지는가?》에서 자신의 감정을 섬세하게 구별할 수 있는 능력으로 '감정입자도'를 제시한다. 감정입자도는 내면의 감정 상태를 정확히 판단하는 감정인식 능력을 말한다.

예를 들어 친구가 연락도 없이 약속시간에 30분이나 늦게 도착했다. 당신은 어떤 감정을 느끼는가? 우선 '괜찮아' '상관없어' 처럼 감정을 인식하지 못하는 사람들이 있다. 이 경우 '감정표현 불능증'일 수 있다. 반면 걱정, 불안, 초조, 속상함 등으로 감정을 세분화하여 표현하는 사람이 있다. 이는 감정입자도가 높은 사람들이다. 이들은 감정을 섬세하게 구별해 스트레스를 잘 이겨 내며, 부정적인 감정에서도 긍정적인 의미를 찾아낼 줄 안다.

감정입자도를 높이기 위해서는 감정상태를 언어화하는 '감정 라벨링' 연습이 필요하다. 감정 라벨링은 어떤 경험에서 발생하는 감정이 무엇인지를 느끼고 감정에 이름을 붙이는 것이다. 이 것을 다른 말로 '정서명명'이라고도 한다.

관계를 바꾸는 심리학 수업

⊘ 부정적인 감정도 라벨링을 하면 도움이 될까요?

UCLA의 매슈 리버먼 박사는 '감정단어를 사용하면 고통스러운 감정을 덜 경험할 수 있는가?'라는 주제로 연구했다. 여기에는 부정적인 감정단어도 포함되었는데, 참가자들은 부정적인 감정에 이름을 붙이는 것은 도움이 되지 않을 것이라고 생각했다. 그러나 연구 결과는 부정적인 감정단어를 사용하는 것만으로도 고통이 줄어드는 효과가 있음을 입증했다.

감정 라벨링을 하는 방법은 우선 감정을 관찰하고, 여기서 느껴지는 감정의 이름을 찾아 표현하는 것이다. 앞의 사례에서 김외면 씨는 '내가 지금 여기서 무엇을 하고 있는 거지?'라는 생각을 한다. 이를 감정 라벨링해 보면 '내가 슬픔과 두려움을 느끼고 있구나'라고 표현할 수 있다.

이처럼 내가 느끼는 감정에 이름을 붙이는 감정 라벨링을 연습할 때 '지금 내가 느끼는 감정이 틀리면 어떡하지?'라는 두려움과 걱정은 접어두자. 우선 내가 느끼는 감정을 믿어보자. 감정은 과녁을 향해 던지는 다트 게임처럼 맞히는 것이 아니라 느끼는 것이다.

⊘ 기분을 측정하고 파악하기

'오늘 하루는 어떤 기분이었습니까?'라고 스스로에게 질문하고, 자신을 관찰해 보자. 그리고 몸의 감각도 느껴보자. 감정을 살필 때 신체 에너지를 함께 살펴보면 도움이 된다. 지금 느끼는 감정의 에너지 강도가 1~5점 중에서 몇 점인지 확인해 보자. 속상함을 느꼈다면 그 강도가 몇 점 정도인가? 감정의 에너지 강도를 확인해 보면 '감정입자도'를 높일 수 있다. 감정입자도를 높이면 자기감정을 이해하면서 스트레스에 대한 적응력을 높이고 감정을 조절하는 힘을 키울 수 있다.

오늘 하루 동안 나의 감정을 억누르고 회피했다고 해서 자책할 필요는 없다. 이러한 성찰을 한 것만으로 충분하다. 자신의 감정을 이해할 수 있는 사람은 자기 자신이다. 마음이 불편해질 때는 잠시 생각을 멈추고 내 감정을 있는 그대로 느껴보자. 감정이 더 격렬해지지 않도록 나의 감정을 충분히 보듬어주면 성난 파도의 감정은 어느새 잔잔한 물결이 된다.

관계를 바꾸는 심리학 수업

감정 다이어리를 작성하며 오늘의 감정과 강도를 평가해 보세요. 오늘의 감정은 '감정단어 목록'을 참고하시면 됩니다. 감정의 강도는 1부터 5점까지입니다. 강도가 높으면 5점, 낮으면 1점, 중간이면 3점으로 체크해 보세요. 감정은 한 가지가 아닐 수 있습니다. 어떤 상황에서 느낀 대표 감정을 찾으면 됩니다. 감정 다이어리는 3~4시간 간격으로 알람을 맞춰 두고 작성하면 도움이 됩니다. 이것이 어렵다면 매일 저녁 같은 시간에 작성해도 좋습니다.

감정 다이어리(샘플)

① 일자 : 2023년 5월 1일 월요일, AM 10시 30분
② 상황 : 중요한 프레젠테이션이 있었다.
④ 감정 : 긴장한(4점), 초조한(5점)

④ 감정 라벨링 연습
나는 오늘 초조하고 긴장한 감정을 느꼈다.

감정 다이어리

① 일자 : 202   년   월   일   요일,   시   분

② 상황 : _____

③ 감정 : _____

(   )   1점   2점   3점   4점   5점

(   )   1점   2점   3점   4점   5점

(   )   1점   2점   3점   4점   5점

④ 감정 라벨링 연습

_____

감정단어 목록

| 행복함,
즐거움,
사랑을
표현하는
감정 | 기쁜, 벅찬, 포근한, 흐뭇한, 상쾌한, 짜릿한, 시원한, 반가운, 후련한, 아늑한, 온화한, 흥분되는, 안전한, 느긋한, 괜찮은, 정다운, 화사한, 신바람 나는, 자유로운, 황홀한, 따사로운, 평화로운, 날아갈 듯한, 들뜬, 감미로운, 상큼한, 가득한, 희열을 느끼는, 정겨운, 살가운, 푸근한, 근심 없는, 감동하는, 고마운, 감격스러운, 감사하는, 기뻐 날뛰는, 감탄스러운, 좋아하는, 기쁨에 넘치는, 사랑스러운, 기대하는, 멋진, 명랑한, 더없이 행복한, 따뜻한, 흡족한, 마음이 놓이는, 기뻐하는, 상냥한, 만족스러운, 환희에 찬, 유쾌한, 안정되는, 희망에 찬, 즐거운, 생기가 나는, 친근한, 쾌활한, 편안한, 평온한, 행복한, 자유로운, 영광스러운, 충족되는, 활기찬, 활발한, 통쾌한 |

슬픔, 회한, 좌절을 표현하는 감정	서운한, 처량한, 울적한, 허탈한, 맥 빠지는, 애끓는, 외로운, 눈물겨운, 풀이 죽은, 쓸쓸한, 위축되는, 공허한, 죽고 싶은, 허전한, 애처로운, 적적한, 후회되는, 우울한, 참담한, 애석한, 비참한, 암담한, 막막한, 서글픈, 거북한, 슬픈, 애틋한, 침울한, 무기력한, 지친, 안타까운, 애잔한, 절망적인, 처절한, 고독한, 괴로운, 낙담하는, 허무한, 실망하는, 좌절하는, 피곤한, 수줍은, 민망한, 부끄러운, 쑥스러운, 어색한, 미안한, 겸연쩍은, 창피한, 걱정하는
분노, 미움, 싫음을 표현하는 감정	얄미운, 지겨운, 못마땅한, 권태로운, 불쾌한, 불만스러운, 불편한, 찜찜한, 떨떠름한, 언짢은, 지루한, 씁쓸한, 괘씸한, 속상한, 원망스러운, 귀찮은, 신경질 나는, 부담스러운, 분한, 짜증스러운, 끔찍한, 따분한, 치가 떨리는, 화나는, 혐오스러운, 샘나는, 언짢은, 섭섭한, 성가신, 신경 쓰이는, 지긋지긋한, 불편한, 시시한, 질리는, 격노하는, 냉담한, 격분되는, 냉정한
고통, 두려움, 불안, 놀라움을 표현하는 감정	초조한, 무서운, 억울한, 조급한, 참담한, 긴장되는, 두려운, 불쌍한, 가혹한, 난처한, 섬뜩한, 당황스러운, 답답한, 멍한, 겁나는, 조바심 나는, 어리둥절한, 떨리는, 놀라운, 살벌한, 조마조마한, 충격적인, 걱정스러운, 초조한, 겁에 질린, 불안한, 뒤숭숭한, 심란한, 고통스러운, 오싹한, 의심되는

4

생각의 함정을 만드는 왜곡된 믿음
- 비합리적 생각

이불안 팀장은 4개월 전 마케팅팀 팀장 제안을 받고 지금의 회사로 이직했다. 지인들의 부러운 시선도 있었지만 팀장으로서 성과를 내야 한다는 압박감과 구성원들의 의심에 찬 표정, 다른 부서 팀장들과의 긴장감 속에서 근무하고 있다. 최근에는 팀장 전체 회의시간에 최신 마케팅 자료를 발표하면서 인정을 기대했으나 오히려 트렌드에 대한 파악이 부족하다는 지적을 받았다.

퇴근 후 불안한 생각은 꼬리에 꼬리를 물었다. '오늘 있었던 일을 팀원들이 알게 되면 어떡하지?' '나를 무능력한 사람으로 평가하면 어떡하지?' '나를 탐탁지 않게 생각하면 어떡하지?' 등 온갖 생각으로 이 팀장은 잠을 설치고 말았다.

이 팀장이 하고 있는 생각은 합리적 생각일까? 아니면 비합리적인 생각일까? 대부분의 사람들은 자신이 경험한 대로 생각하고 해석한다.

최인철 교수의 《프레임》에는 '핑크 대왕 퍼시'라는 이야기가 나온다. 퍼시는 핑크색을 광적으로 좋아하는 왕이다. 자신의 외모뿐 아니라 집 안과 지붕까지 온통 핑크색으로 만들었지만 자신의 뜻대로 할 수 없는 것이 하나 있었다. 바로 '하늘'이었다. 하늘색까지 핑크색으로 만들고 싶었던 퍼시는 스승님을 찾아가 하늘의 색을 핑크색으로 바꿀 수 있는 방법을 물었다. 스승은 퍼시에게 핑크색 안경을 끼고 하늘을 보라고 했다. 그러자 하늘은 핑크색이 되었다.

우리가 바라보는 세상도 마찬가지다. 우리는 각자 자기만의 안경을 쓰고 세상을 바라본다. 인지행동치료에서는 이것을 '스키마'라고 한다. 스키마는 과거의 경험과 지식을 가지고 세상을 바라보는 나의 관점을 말한다. 어린 시절 엘리베이터 안에서 큰소리로 말하는 아이에게 부모님이 "엘리베이터 안에서는 큰소리로 말하면 안 돼"라고 혼냈다면, 그 아이는 성인이 되어서도 '엘리베이터 안에서는 조용히 해야 한다'라는 스키마, 즉 신념을 갖게 된다.

스키마는 세상을 바라보는 하나의 틀이다. 스키마는 일상에 긍정적으로 작용할 수도 있지만 삶에 고통과 부적응을 만들기도 한다. 이 팀장의 어린 시절은 부모의 성취·성공 압박으로 인해 '완벽하지 못하면 쓸모없는 사람이다'라는 말을 듣고 자랐다. 그리고 이 말은 이 팀장 자신도 모른 채 핵심 신념으로 자리 잡았다. 이는 '내가 완벽하지 않으면 사람들이 나를 떠날 것이다' '내가 거절한다면 사람들이 나를 싫어할 것이다' 등과 같이 '~하면 ~할 것이다'라는 조건화된 신념이다. 이러한 신념에 사로잡히면 실수하거나 거절하고 싶은 일이 생길 때마다 감정과 행동에 제약을 받게 된다.

그렇다면 부정적인 스키마를 바꿀 수 있을까? 가능하다. 자신을 관찰하고 객관화된 질문을 통해 생각과 경험을 바꾸면 된다. 경험이 바뀌면 생각이 재구조화되고, 건강한 스키마가 자리 잡는다. 신념은 경험의 산물이다. 물론 한 번으로 변화되기는 어렵지만, 자신이 가진 생각의 패턴을 이해하고 다른 생각을 해 보는 것이다.

⊘ 생각을 관찰하는 연습

우리는 어떤 상황을 경험하면 '자동적 생각'이 떠오르고 그것

　　　　　　　　　　　　　관계를 바꾸는 심리학 수업

이 '감정'으로 나타난다. 이때 떠오른 긍정적 또는 부정적인 감정으로 말과 행동이 결정된다.

인지행동치료 전문가인 아론 벡은 인지행동치료[CBT] 구조를 A-B-C로 설명한다. A[Antecedents]는 생각과 감정이 일어나게 된 선행사건이다. B[Belief]는 신념과 생각이며, C[Consequences]는 결과인 감정, 감각, 행동이다.

이불안 팀장의 사례를 사건, 자동적 사고(생각), 감정의 3단계로 살펴보자.

- **사건** : 마케팅 자료에 대한 평가 피드백
- **자동적 사고(스치는 생각)** :
  ① '오늘 있었던 일을 팀원들이 알게 되면 어떡하지?'
  ② '나를 무능력한 사람으로 평가하면 어떡하지?'
  ③ '나를 탐탁지 않게 생각하면 어떡하지?'
- **결과(감정)** : 불안함, 수치감

3가지 자동적 사고 중 어떤 것이 사실일까? 3가지 모두 사실이 아닌 추측이다. 일어나지 않은 생각이 벌써 미래로 가서 문제를 크게 만들고 있다. 발생하지 않은 일을 사실처럼 믿으면서 마음이 혼란스럽다. 이처럼 사실과 다르게 해석하는 인지적 왜곡을 '비합리적 생각'이라고 한다. 반면 '합리적 생각'은 현실에 기반하여 경직되지 않고 융통성이 있다. 지금 하고 있는 생각이 합리적 생각인지 비합리적 생각인지는 자신의 생각을 글로 써보고 반박하는 질문을 통해 확인할 수 있다.

① '오늘 있었던 일을 팀원들이 알게 되면 어떡하지?'
• 비합리적 생각 : 팀원들이 알게 되면 나를 무시할 것이다.
• 합리적 생각 : 팀원들이 알아도 별로 신경 안 쓸 것이다.
　　(위협적이지 않은 생각으로 변화시키기)
② '나를 무능력한 사람으로 평가하면 어떡하지?'
• 비합리적 생각 : 팀원들은 나를 무능력한 사람으로 생각할 것이다.
• 합리적 생각 : 한 가지 사건으로 전체를 평가할 수 없으니 팀원들이 나를 무능력하다고 생각하지는 않을 것이다.
　　(무능력하다는 표현은 자신의 생각이니 온건한 말로 바꿔 생각해 보기)

　　　　　　　　　　　관계를 바꾸는 심리학 수업

③'나를 탐탁지 않게 생각하면 어떡하지?'

- 비합리적 생각 : 팀원들은 나를 탐탁지 않게 생각할 것이다.
- 합리적 생각 : 한 가지 사건만으로 탐탁지 않게 생각하지는 않을 것이다.

내 머릿속에 자동적으로 떠오른 생각에 반박하는 질문을 해보면 그것이 사실과 다른 '왜곡된 믿음'이라는 것을 깨닫게 된다. 사실과 다르게 해석하면서까지 나를 고통스럽게 만들 이유가 없다. 고대 그리스 스토아학파의 대표적인 철학자 에피테토스는 "사람은 일어나는 사건보다 생각에 더 많은 영향을 받는다"고 말했다.

일어난 사건은 '마케팅 자료에 대한 평가 피드백'이다. 이에 대한 이 팀장의 생각은 스스로 만든 왜곡된 함정일 뿐이다. 그 생각으로 인해 불안은 가속화되고, 몸과 마음은 위축된다. 자신의 비합리적 생각과 해석에 영향을 받고 있다면, 사건(상황)에 대해 사실과 생각(추측, 판단, 해석, 평가 등)을 구분해야 한다.

⊘ 생각의 함정을 만드는 인지적 왜곡

아론 벡은 사실과 생각을 다르게 해석하는 과정에서 '인지적 왜곡'을 불러일으킨다고 말한다. 생각의 함정을 만드는 인지적 왜곡에는 어떤 것들이 있는지 살펴보자.

1) 과연 인생은 성공 아니면 실패일까? - 흑백논리

한 가지 관점으로만 세상을 바라보는 사람들이 있다. '모 아니면 도, 흑 아니면 백'이라는 식이다. '성공 아니면 실패'라는 말도 흔히 쓰이는 표현인데, 인생은 성공과 실패라는 결과가 아니라 수많은 과정의 연속이다.

당신은 늦은 밤까지 열심히 공부했지만 자격증 시험에 떨어졌다. 그럼 이것은 실패인가? 하나의 과정이라고 생각하면 지난 시험에서 놓친 부분을 다시 점검하고 재도전할 수 있다. 그러나 실패라고 생각한다면 다시 도전하기 어렵다.

업무에서 실수한 구성원을 '무능력한 사람'이라고 판단해 버리면 다른 강점과 가치를 볼 수 없다. '좋은 사람 vs 나쁜 사람'이라는 이분법적 시각으로 바라보면 어떤 가능성도 찾을 수 없다.

흑백논리를 깨뜨리는 데 도움되는 표현 중 하나가 '그럴 수도 있지'라는 말이다. '저 사람은 참 나쁜 사람이야!' '저 사람은 능력이 없어'라고 생각하기보다 '그럴 수도 있지'라고 유연하게 생각해 보자.

2) 나 때문에 생긴 일이야! - 개인화

필자가 과거 버스를 타고 가던 중 옆자리에 앉은 사람이 코를 킁킁거리며 자리를 옮길 때면 '내 몸에서 냄새가 나나?'라는 생각에 옷의 냄새를 맡아보곤 했다. 고등학교 시절 짝꿍이 잘 씻지 않아 수업시간에 옆에 앉아 있기가 힘들었다. 짝꿍에게 말하면 부끄러워할 것 같아 말도 하지 못하고 한 학기 내내 냄새와 전쟁을 치렀었다. 이후로 버스뿐만 아니라 사람들을 만날 때도 냄새에 민감했다. 이런 경험이 내재되어 있어서 옆 사람이 자리를 옮기자 나에게 안 좋은 냄새가 나서 그런 게 아닐까 지레짐작했다. 하지만 그 사람은 단지 좀 더 넓은 자리에 혼자 편안히 앉고 싶었을 뿐인지도 모른다.

이처럼 개인화는 문제의 원인이 '나'라고 생각하는 것이다. 자신과 무관한 다른 사람의 행동을 '나 때문에 생긴 일이야' 혹은 '내 탓이야'라고 생각한다. 회사에서 팀원이 퇴사하면 '내가 더 잘해줬으면 저 친구가 퇴사하지 않았을 텐데'라고 생각하기도 한다.

3) 하나를 보면 열을 알 수 있다 - 과도한 일반화

김들뜸 님은 얼마 전 소개팅한 상대가 마음에 들어 '이번 주말에 데이트해야지!' 하면서 잔뜩 기대하고 있었다. 그런데 상대방이 이번 주에 다른 일정이 있어서 만나기 어렵다고 말하자, 김들뜸 님은 '내가 마음에 안 드나 보네'라며 더 이상 연락하지 않기로 결심한다. 상대가 단지 주말에 시간이 없었을 뿐인데 '나에게 관심이 없다'고 판단해 관계를 정리하는 것은 '과도한 일반화'에 해당한다. 팀에 새로 들어온 신입사원이 작성한 보고서에서 오타를 발견하고는 곧바로 '능력도 없는 친구가 들어왔군!'이라고 평가하는 것 역시 마찬가지다.

이처럼 하나의 사건이 발생했을 때 곧바로 'A는 B다'라는 결론으로 이끄는 생각 습관은 다양한 관점에서 바라보는 것을 방해한다. '하나를 보면 열을 알 수 있다'는 말도 있지만 하나의 속단이 잘못된 평가일 수 있다.

4) 좋은 것은 좋은 것이고, 실수는 실수일 뿐이다 - 과장과 축소

긍정적인 사건을 지나치게 낮춰서 평가한 적이 있는가? 내가 작성한 업무기획서에 대해 긍정적인 평가를 받고도 '이 정도는 누구나 하는 일 아닌가?'라고 생각한다면 '축소'의 왜곡이다. 승진한 날 사람들이 축하해 주는데도 정작 본인은 '연차가 쌓이면 승진하는 건데 왜 이렇게 호들갑을 떨지'라고 생각하는 것도 마찬가지다.

반면 작은 실수를 크게 부풀려서 생각하는 경우도 있다. 대수롭지 않게 넘어가도 될 일인데도 큰 문제가 생긴 것처럼 불안에 떠는 사람이 있다. 또는 인간관계에서 작은 말실수라도 하면 안절부절못하는 사람이 있다. 이처럼 작은 실수를 큰 문제로 해석하는 것은 '확대'의 왜곡이다. 확대 해석이 커질수록 불안, 우울 등의 감정이 증폭된다.

5) 절대적 규칙에 나를 가두기 - 당위적 사고

규칙이 많을수록 자신의 생각을 울타리에 가두게 된다. '직장인은 반드시 성과를 내야 한다' '부모는 당연히 희생해야 한다' '약속은 반드시 지켜야 한다' 등의 '반드시 ~해야 한다'는 틀을 가지고 나와 타인의 말과 행동을 단정 짓는다.

이러한 당위적 사고는 나와 상대에게 원하는 기대와 바람으로 시작된다. 하지만 이런 규칙이 많을수록 자신의 삶은 피곤해진다. 현실적으로 자신에게 과도한 잣대를 들이대면 삶의 만족감이 떨어질 수밖에 없다.

'성과를 잘 내면 좋겠어' '자녀를 잘 돌보면 좋겠어' '약속시간에 늦지 않으면 좋겠어'와 같이 자신의 바람을 '~하면 좋겠어'로 바꿔보자. 자신의 희망과 기대를 규칙으로 만들어 나를 옭아매는 생각의 습관에서 벗어나야 한다.

6) 관심법은 존재하지 않는다 - 독심술의 오류, 예언자의 오류

누군가의 마음을 읽을 수 있을까? 추측할 수는 있겠지만 단정 짓기는 어렵다. 내 마음도 잘 모르는데 상대방의 마음을 어떻게 알 수 있겠는가?

강의 초창기에 한 교육생이 수업시간 중 스마트폰에 무언가를 계속 쓰고 있는 것을 보고 '내 강의가 재미없나?'라는 생각이 들면서 강의에 몰입하기가 점점 어려워졌다. 이러한 생각이 점점 커지자 급기야 '다른 사람들도 흥미 없으면 어떡하지?'라는 불안감이 들었다. 쉬는 시간 고민에 빠져 있을 때, 그 교육생이 필자에게 다가와 자신의 스마트폰 메모장을 보여주며 놓친 부분을 다시 한번 설명해 달라고 요청을 했다. 자신의 꿈이 강사인데, 강사님의 내용을 놓치고 싶지 않아 계속 메모하고 있었다는 것이다. 그런데 나는 '강의 중에 휴대폰을 보고 있는 것은 강의가 재미없다는 뜻이다'라는 내 생각을 투사해 생각하고 있었던 것이다. 이것이 바로 '독심술의 오류'이다. '독심술의 오류'는 자신의 마음속에 있는 생각을 투사해서 바라보는 사고의 습관이다.

'예언자의 오류'는 나의 미래는 부정적일 것이라고 지레짐작하는 습관이다. 일하면서 어려운 문제에 맞닥뜨리면 '난 해낼 수 없어'라며 미리 부정적으로 생각해 버린다. 하지만 미래는 아무도 알 수 없다. 현재의 생각과 행동이 자신의 미래를 만드는 것이다.

6가지 생각의 함정 중 당신은 어떤 생각 습관을 가지고 있는가? 누구나 조금씩은 가지고 있을 것이다. 그런데 이러한 인지적 왜곡을 확신에 찬 믿음으로 만들면 스스로 생각의 감옥에 갇히게 된다.

지금의 상황과 생각, 감정을 분리해서 살펴보면 생각의 함정에서 벗어날 수 있다. 나는 지금 어떤 생각을 하고 있는지 의문을 품고 그 생각을 객관적으로 바라보는 것이다. '비합리적 생각'을 '합리적 생각'으로 믿고 착각하는 것은 아닌지 확인해야 한다. 비합리적 생각은 꼬리에 꼬리를 물고 더 단단한 확신을 심어준다. 그 꼬리를 자를 수 있는 방법은 생각의 감옥에서 스스로 탈출하는 것뿐이다.

일주일 동안 나를 특별히 힘들게 했던 일을 찾아 당시의 상황과 나의 생각을 정리해 보세요. 그리고 이를 생각기록일지에 적어보세요.

생각기록일지(샘플)

1	일자 및 상황	• 일시 : 2023년 5월 3일 AM 9시 • 상황 : 강의 중 교육생이 스마트폰을 보고 있음
2	감정과 감각은 어땠는가? (믿음 강도 %)	• 감정 : 불안함(70%), 속상함(70%) • 감각 : 몸에 기운이 빠짐(80%)
3	어떤 생각이 스쳤는가? (믿음 강도 %)	내 강의가 재미없군(80%)
4	인지적 왜곡은 무엇인가?	독심술의 오류 과도한 일반화의 오류
5	자동적 사고를 지지하는 증거는 무엇인가?	한 명이 스마트폰을 보고 있음
6	자동적 사고를 반대하는 증거는 무엇인가?	다른 사람들은 집중해서 강의를 잘 듣고 있음
7	적응적/대안적 사고(%)	• 쉬는 시간에 확인해 봐야겠음 • 참여도가 높은 사람들을 보면서 집중해야겠음
8	처음 기분의 재평가 (0~100%)	• 감정 : 불안함(40%), 속상함(50%) • 감각 : 몸에 기운이 빠짐(30%)

생각기록일지

1	일자 및 상황	• 일시 : • 상황 :
2	감정과 감각은 어땠는가? (믿음 강도 %)	• 감정 : • 감각 :
3	어떤 생각이 스쳤는가? (믿음 강도 %)	
4	인지적 왜곡은 무엇인가?	
5	자동적 사고를 지지하는 증거는 무엇인가?	
6	자동적 사고를 반대하는 증거는 무엇인가?	
7	적응적/대안적 사고(%)	
8	처음 기분의 재평가 (0~100%)	• 감정 : • 감각 :

5

내 마음의 주인이 되다
- 욕구

'마음에도 통역이 필요해.' 건강보조식품 회사의 광고이다. '시험 날 아침, 엄마와 딸의 대화'를 소재로 만든 내용이다. 고등학생 딸의 중요한 시험 날, 어머니는 딸을 위해 미역국을 끓이지만, 미역국을 본 딸은 "엄마, 나 중요한 날인데 시험 망치라는 거야!"라며 엄마에게 화를 낸다. 이 말에 엄마는 "든든하게 먹고 가면 좋잖아"라고 무심하게 답하자 딸은 '너 실력에 뭐 미역국까지 신경 쓰니?'라는 의미로 해석한다. 딸은 엄마가 자신에게 무관심하다는 생각에 화가 나 숟가락을 탁! 내려놓고 등교한다.

장면이 바뀌면서 시험장으로 들어간 딸이 가방 속에서 엄마의 쪽지를 발견한다. 쪽지에는 '중요한 날 시험을 망치면 엄마가 끓여준 미역국 때문이라고 생각하며 기운 내'라는 응원과 격려의 글이 적혀 있다. 딸은 엄마의 쪽지를 읽으며 눈물을 흘린다.

딸의 "엄마, 나 중요한 날인데 시험 망치라는 거야!"라는 말 안에는 엄마에게 듣고 싶고 기대했던 말, 욕구가 숨어 있었다. 딸이 엄마에게 기대했던 말은 무엇이었을까? 응원과 격려의 말이었을 것이다. 하지만 엄마는 딸이 기대한 말 대신 "든든하게 먹고 가면 좋잖아"라고 표현한다. 이에 딸은 엄마가 자신의 성적에 무관심하다는 생각에 짜증과 화가 난다.

- **상황** : 시험 날, 엄마가 미역국을 끓였다.
- **감정** : 화가 나고 짜증이 났다.
- **딸의 욕구** : 응원, 격려
- **자동적 생각** : 엄마가 나에 대해 무관심하다는 생각이 들었다.

딸은 시험장에서 엄마가 몰래 가방에 넣은 응원과 격려의 글 (욕구)을 읽으면서 미역국을 끓인 진심을 알게 된다. 그리고 엄마에 대한 오해의 감정은 고마움과 위로의 감정으로 바뀐다.

이처럼 내가 기대하고 원하는 것을 '욕구'라고 한다. 현실치료를 개발한 미국의 정신과의사이자 심리학자 윌리엄 글래서는 인간의 기본욕구를 5가지로 제시한다. 생존의 욕구, 사랑과 소속의 욕구(사랑, 돌봄, 우정, 관심 등), 힘의 욕구(성취감, 인정 등), 자

유의 욕구(자율성, 선택, 독립 등), 즐거움의 욕구(기쁨, 흥미, 웃음 등)
이다. 우리는 이러한 욕구를 충족하기 위해 말과 행동을 하며,
감정은 내가 지금 무엇이 필요한지를 알려주는 신호이자 정보
이다.

⊘ 욕구 충족의 3R

지금 이 책을 읽고 있는 이유는 '배움, 성장, 자기돌봄'이 필요
해서일 것이다. 이처럼 우리가 어떤 행동을 하게끔 만드는 이유
가 바로 욕구이다. 그리고 행동은 개인이 욕구를 충족하는 방식
이다. 그러나 모든 욕구를 충족할 수 있는 것은 아니다. 윤리적
이지 않은 방법으로 욕구를 충족하는 것은 포함하지 않는다.

윌리엄 글래서는 욕구를 충족하기 위해서는 책임감
Responsibility, 현실성Reality, 옳고 그름Right or Wrong의 3R이 필요하다
고 말한다. 3R은 자신의 욕구를 충족하는 데 한계가 있음을 이
해하는 것이다.

- 책임감은 다른 사람의 욕구를 방해하지 않고 자신의 욕구
  를 충족해야 하며, 자신의 행동에 책임지는 것이다.

- 현실성은 자신이 한 행동의 결과를 기꺼이 받아들이는 것이다.
- 옳고 그름은 기본적 욕구를 충족할 때 다른 사람에게 피해를 주지 않는 것이다. 예를 들어 자신의 성과를 높이기 위해 동료의 성과를 가로채서는 안 된다.

⊘ 욕구는 방법을 찾아가는 나침반

IT 기업에 다니는 김성장 대리는 코로나19가 막 시작되고 한 달이 지나 입사했다. 그래서 팀 분위기를 익힐 새도 없이 바로 재택근무가 시작됐다. 화상회의를 통해 업무를 익혔지만 회사 분위기를 파악하는 데는 한계가 있었다. 더욱이 동료들과 친해질 틈도 없이 재택근무가 시작되면서 팀 내에 마음을 터놓을 동료도 없었다. 기획에 맞게 코딩한 프로그램을 제시해도 피드백을 제대로 받지 못해 답답함을 느꼈다. 전화로 물어보고 싶지만, 업무에 방해될까 염려되었다.

김성장 대리가 느끼는 답답함에는 충족되지 못한 욕구가 있다. 김 대리가 기대하고 원하는 것은 무엇이었을까? 다음의 욕구 목록에서 찾아보자.

신체적 생존의 욕구	공기, 음식, 물, 주거, 휴식, 수면, 안전, 신체적 접촉, 스킨십, 성적 표현, 따뜻함, 부드러움 , 편안함, 돌봄을 받음, 보호 받음, 애착 형성, 자유로운 움직임, 운동
사회적, 정서적, 상호의존의 욕구	봉사, 친밀한 관계, 유대, 소통, 연결, 배려, 존중, 상호성, 공감, 이해, 수용, 지지, 협력, 도움, 감사, 인정, 사랑, 애정, 관심, 호감, 우정, 가까움, 나눔, 소속감, 공동체, 안도, 위안, 신뢰, 확신, 예측가능성, 정서적 안전, 자기보호, 일관성, 안정성, 정직
놀이, 즐거움의 욕구	즐거움, 재미, 유머, 흥미
자율성의 욕구	자신의 꿈·목표·가치를 선택할 자유, 자신의 꿈·목표·가치를 이루기 위한 방법을 선택할 자유
삶의 의미	기여, 능력, 도전, 명료함, 발견, 보람, 의미, 인생 예찬, 기념하기, 주관을 가짐, 회복, 효능, 희망, 열정, 참여, 깨달음, 자극
진실성	진실, 성실성, 존재감, 일치, 개성, 자기존중, 비전, 꿈
아름다움과 평화의 욕구	아름다움, 평탄함, 홀가분함, 여유, 평등, 조화, 질서, 평화, 영적 교감, 영성
자기실현의 욕구	성취, 배움, 생산, 성장, 창조성, 치유, 전문성, 목표, 가르침, 자각, 자기표현, 자신감

출처 : 마셜 B. 로젠버그, 《비폭력대화》

김 대리는 업무에 대한 피드백을 받지 못해 아쉬움과 답답함을 느끼고 있다. 겉으로 드러난 업무 피드백의 숨은 욕구는 '소통, 성장, 배움'인데, 이 욕구가 좌절되면서 생각은 꼬리를 물게 된 것이다.

- **상황** : 재택근무 중 피드백을 제대로 받지 못함

- **감정** : 아쉬움, 답답함
- **욕구** : 소통, 성장, 배움의 좌절
- **자동적 생각** : 내가 전화하면 업무에 방해되어 나를 피할 수도 있다.

김 대리가 자신의 욕구를 제대로 알고 있다면 3R(책임감, 현실성, 옳고 그름)에 근거해 욕구를 충족할 방법을 생각해 낼 수 있다. 회사 인트라넷에서 쪽지, 문자 연락, 채팅 등을 통해 상대방에게 피드백 받기 편한 시간을 사전에 조율해 소통하는 방법도 있다. 이처럼 욕구에 집중하면 다양한 방법을 찾을 수 있다.

그런데 우리는 상대가 어떤 욕구를 가지고 있는지 확인하지 않고 드러난 상황에 맞춰 특정한 수단과 방법을 먼저 떠올린다. 예를 들어 친구가 "일에 치여 너무 힘들어"라고 말하면 어떻게 하겠는가? 여행, 친구들과 수다 떨기, 영화 보기, 퇴사 등의 특정한 수단과 방법을 추천할 수 있다. 그러나 친구의 욕구(원하고 기대하는 것)가 '혼자만의 시간'이었다면 이에 맞는 수단과 방법, 즉 산책, 혼자 커피 마시기 등의 방법을 권해야 한다.

⊘ 욕구를 알아간다는 것

내 행동에 대한 책임은 나에게 있다. 외부의 상황으로 인해 어쩔 수 없었다고 하지만 그 행동을 선택한 것은 나라는 것을 알아야 한다.

로고 테라피를 창안한 빅터 프랭클은 "자극과 반응 사이에 공간이 있다. 우리는 이 공간을 선택할 힘이 있으며, 그 선택은 우리의 성장과 행복에 영향을 미친다"라고 말했다. 빅터 프랭클은 강제수용소 안에서도 우리는 선택할 수 있다고 말했다.(《빅터 프랭클의 죽음의 수용소에서》 참고)

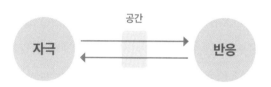

삶에서 우리가 통제할 수 없는 것이 '자극(상황)'이다. 하지만 자극에 대한 '반응(행동)'은 내가 얼마든지 선택할 수 있다. 반응을 선택하기 위해서는 나의 감정과 욕구를 인식하고 어떻게 표현할지 생각하는 공간을 만들어야 한다. 이는 자극과 반응 사이의 공간이다. 결국 어떤 욕구를 인식하는 것은 내가 어떤 반응을 할 것인가를 찾는 과정이다. 자극과 반응 사이의 욕구를 인식하는 방법에는 3단계가 있다. 자극이 왔을 때 생각^{Think}을 멈추고^{Stop} 욕구를 위한 행동을 선택^{Choice}하는 것이다.

1단계는 자극이 들어온 순간 생각이 먼저 빠르게 작동된다.

2단계 멈춤은 자극과 반응 사이에 공간을 만들어 내는 과정이다. 나의 감정에 공감하고 호흡하면서 마음을 고요하게 만든다.

3단계는 내가 지금 원하는 것을 위해 무엇을 선택할지 스스로에게 물어보는 것이다. 지금 내가 원하는 것, 기대하는 것, 바라는 것은 무엇인지 질문하면서 내 욕구에 귀 기울여보자.

김 대리가 선택할 수 있는 행동을 3단계에 맞춰 생각해 보자.

1단계 생각^{Think} : 아쉬움과 답답함이 있지만 내가 연락하면 업무에 방해되어 나를 피할 수도 있다고 생각한다.

2단계 멈춤^{Stop} : 잠시 생각을 멈추고 감정과 욕구에 집중한다.

3단계 선택^{Choice} : 지금 내가 원하는 것을 위해 어떤 방법을 선택할지 생각해 본다. 나에게는 배움과 성장의 욕구가 있고, 회사 인트라넷에서 쪽지·문자·채팅으로 사전 협의해 소통할 수 있다.

Self-care Note

갈등과 스트레스 상황에서 내가 지금 무엇을 원하고 기대하는지 자신의 욕구에 대해 생각해 보고, 그 욕구를 충족하기 위한 방법을 정리해 보세요.

Self-care 1. Think(생각) : 어떤 상황이며, 어떤 생각을 했습니까?

_____

_____

Self-care 2. Stop(멈춤) : 지금 내가 하는 생각을 멈추고 감정과 욕구에 집중해 보세요. 어떤 감정과 욕구인가요?

_____

_____

Self-care 3. Choice(욕구 선택) : 지금 내가 기대하고 원하는 것은 무엇인가요? '책임감, 현실성, 옳고 그름'의 3R을 기준으로 생각해 보세요.

_____

_____

_____

관계를 바꾸는 심리학 수업

CHAPTER 3

자기돌봄이
필요한
나에게

1 증명을 위한 삶
- 가면증후군

입사 5년 차인 김가면 대리는 세 달 전부터 준비한 프로젝트 계약이 성공해 팀에서 실력과 전문성을 인정받았다. 팀은 물론 다른 부서 동료들도 김 대리의 열정과 성실함을 칭찬했는데, 정작 본인은 '운이 좋았다'고 말할 뿐이다. 사람들은 그를 '겸손하다'고 말하지만, 정작 본인은 경쟁업체가 수주요건을 충족하지 못해 자신이 계약을 따낸 것뿐이라고 생각했다.

운이 좋은 것을 실력으로 추켜세우자 김 대리는 오히려 더 위축되었다. 마음속에는 '사람들이 진짜 나의 능력을 알게 되면 실망할 거야'라는 두려움이 앞섰다. 내 진짜 능력이 발각되지 않으려면 더 열심히 일해야 한다는 생각에 그는 오늘도 스스로를 가혹하게 밀어붙인다.

⊘ 자신의 능력이라 믿지 않는 가면증후군

'이번 일은 내가 잘했다기보다 팀이 잘했을 뿐이야' '이번 프로젝트를 따낸 것은 운이 좋았기 때문이야'와 같이 내가 이룬 성과가 실력과 노력이 아니라 운이라고 생각해 본 적이 있는가?

삶을 살아가다 보면 문득 자신의 능력을 믿지 못하는 순간을 마주할 때가 있다. 실제 나의 능력은 그리 뛰어나지 않은데, 모두 나에게 속고 있다고 생각한다. 심리학자 폴린 클랜스와 수잔 임스는 이를 '가면증후군Imposter Syndrome'이라고 말한다. 자신이 거둔 성공을 자신의 능력과 기술로 이룬 것이 아니라고 믿는 것이다. 언젠가 가면이 벗겨지면 사람들이 무능력한 나의 본모습을 알게 될지도 모른다는 두려움, 자기의심, 수치심이 마음속에 자리 잡고 있다.

직장인 익명 커뮤니티인 블라인드가 미국 실리콘밸리 직장인 2,965명을 대상으로 설문조사를 진행했는데, 응답자의 62%가 '내가 유능하지 않다는 사실을 동료들에게 들킬까 두렵다'고 답했다. 10명 중 6명에 해당하는 숫자이다. 실리콘밸리 직장인뿐만 아니라 나탈리 포트먼, 메릴 스트립, 알베르트 아인슈타인 등 유명 인사들도 가면증후군을 경험한 것으로 알려져 있다. 임상심리학자 타라 와인 박사는 "세계 인구의 70%는 살면서 최소한 번은 가면증후군을 경험한다"고 말한다.

가면증후군은 개인에게 특히 잔혹하다. 나의 본모습이 발각되지 않기 위해 지금 이 순간을 즐기지 못하고 끊임없이 나를 몰아친다. 증명하기 위한 삶을 살고 있는 것이다. 그런데 과연 누구에게 증명하고 싶은 것인가? 나인가, 타인인가?

⊘ 증명하는 삶이 나를 행복하게 만드는가?

성실하게 열심히 살아가지만 내가 이룬 성과와 인간관계 등을 믿지 못하고 내 삶은 '가짜' 같다고 생각하는 것은 나를 학대하는 것과 다름없다. 불안감과 긴장감 속에서 하루하루를 살아가고 있으니 말이다.

발레리 영 박사는 가면증후군을 5가지 유형으로 분류한다. 완벽주의자형, 솔로이스트형, 선천적 천재형, 전문가형, 슈퍼맨·슈퍼우먼형이다. 한 사람이 하나 또는 둘 이상의 유형을 보일 수도 있다.

1) 최상급의 기대 수준 - 완벽주의자형

자신에게 높은 잣대를 들이대고 작은 실수도 용납하지 못한다. 자신이 잘한 99%는 외면하고 자신이 못한 1%에 초점을 맞춘다. 자기에 대한 의심, 두려움, 불안함을 극복하기 위해 끊임없이 완벽을 추구하지만 완벽의 기준 자체가 실현 불가능하다. 자신이 맡은 프로젝트가 성공적으로 끝나도 만족할 수 없다.

2) 혼자 성취하지 않으면 의미가 없다 - 솔로이스트형

모든 것을 혼자 해내지 않으면 자신의 성취로 받아들이지 않으며, 누군가의 도움으로 성취한 것은 무능력한 것으로 간주한다. 다른 사람들의 도움 없이 혼자 힘으로 해낸 것만을 진정한 성과로 인정한다. 그런데 회사는 여러 사람들이 함께 일하기 위해 모였다. 조직에서 필요한 능력 중 하나가 커뮤니케이션과 협업 능력임을 기억해야 한다.

3) 능력은 타고난 것이다 - 선천적 천재형

목표한 것을 한 번에 이루지 못했거나 지연되면 자신에게 문제가 있다고 생각한다. 능력은 시간을 투자해 노력하는 것보다 내재된 지능과 역량이라는 관점이다. 열심히 노력한다고 해서 성과를 올릴 수 있는 것이 아니라고 믿는다. 업무가 지연되면 다른 원인을 살펴보지 않고 자신의 능력 부족을 탓한다.

관계를 바꾸는 심리학 수업

4) 전지전능한 능력을 가져야 한다 - 전문가형

일을 시작하기 전에 자신이 모든 내용을 알고 있어야 한다고 생각한다. 이런 경우 자신의 경험과 지식이 부족하다는 사실이 드러날까 두려워한다. 개개인의 전문가가 모여 협업을 통해 시너지를 발휘하고, 공동의 목표를 함께 달성하고자 존재하는 곳이 조직이다. 한 사람의 능력만으로는 모든 것을 이룰 수 없기 때문이다. 각자의 부족한 점을 받아들이고 서로 보완해 나가면서 조직은 더욱 발전한다.

5) 자신을 연료 삼아 살지 마세요 - 슈퍼맨·슈퍼우먼형

모든 역할을 완벽하게 해내야 한다고 믿는다. 직장이나 가정, 심지어 동호회에서도 한 번에 많은 일을 완벽하게 처리하려고 한다. 하나라도 해내지 못하면 수치심을 느낀다. 하지만 당신의 몸은 하나라는 것을 기억해야 한다. 한 번에 많은 일을 모두 잘해 낼 수 있는 사람은 없다. 당신의 삶을 소진하면 안 된다.

가면증후군의 5가지 유형은 모두 자신이 만든 덫일 뿐이다. 자신의 주장과 생각이 옳다는 것을 입증하는 정보를 모으다 보면 가면증후군은 더욱 견고해지는데, 이를 '확증편향'이라고 한다. 내가 보고 싶은 것만 보고, 믿고 싶은 것만 믿는 경향이다.

이것은 내가 의도하지 않은 무의식적인 특성이다.

이와 유사한 개념으로 '신념보존'이 있다. 특정 신념(믿음)이 형성되면 내가 생각하는 신념과 반대되는 새로운 증거가 제시되어도 나의 신념을 계속 유지한다. 확증편향과 신념보존이 깊어지면 가면증후군에서 빠져나오기가 더욱 어려워진다.

⊘ 가면증후군의 늪에서 벗어나기

지금의 나를 인정하고 믿어줘야 할 사람은 바로 나 자신이다. 내가 나를 인정하지 않는데, 누가 나를 인정해 줄 수 있겠는가? 나의 능력을 스스로 믿지 못하면 더 불안하고 무력해질 뿐이다.

타인에게 관대하고 자신에게 엄격한 사람이 있다. 관대함은 너그러운 마음으로 타인에게 대가 없이 선의를 베푸는 것을 의미한다. 자신에게 엄격하고 철저할수록 자신의 모습이 마음에 들지 않는다. 그럴 때일수록 실수해도 괜찮다고 스스로에게 말할 수 있어야 한다. 우리의 삶은 길다. 매 순간 긴장하며 살아갈 필요는 없다.

임상심리학자 제사미 히버드는《성공한 사람들의 가면증후

군》에서 가면증후군과 작별하는 방법으로 3단계를 제시한다.

- **1단계** : 실수와 실패는 우리 삶에서 정상적인 일임을 받아
  들인다.
- **2단계** : 실수와 실패는 나를 더욱 단단하게 만들어주고 회
  복력을 높여준다는 사실을 받아들인다.
- **3단계** : 실수와 실패를 통해 배우고 성장한다는 것을 받아
  들인다.

김가면 대리는 자신이 노력한 과정을 제대로 생각해 보지 않
았다. 자신이 아니었다면 성공하지 못할 일이었다. 자신을 엄격
하게 바라볼 것이 아니라 너그럽게 살펴야 한다. 가면증후군과
결별하기 위한 첫 단추는 '과정에 대한 긍정적 해석'이다. 당신은
가짜가 아니다. 당신이 만든 함정에 빠져 자신을 비난하지 않기
를 바란다.

가면증후군은 사실이 아닌 왜곡된 내용으로 자신에 대해 부정적 평가를 합니다. 현재의 나 자신에 대해 어떻게 평가하고 있는지 점검해 보고, 부정적 평가라면 긍정적으로 전환해 보는 연습을 해보세요.

Self-care 1. 일을 잘 마무리하고 인정받았던 순간이나 업무에서 실수했던 경험을 떠올려 보세요. 그때 나에게 어떤 말을 했나요?

'내가 일을 잘 끝낸 건 인맥이 좋아서였어.'
'내가 잘된 건 타이밍이 좋았을 뿐이야.'
'완벽하게 처리하지 못했어.'
'내가 예상했던 것보다 시간이 더 걸리다니! 내가 너무 부족했어.'
'나는 절대 실수하면 안 돼.'

_____

_____

_____

Self-care 2. 위 문장에서 '나'를 '너'로 바꿔 읽어보세요. 누군가 당신에게 그렇게 말했다고 상상해 보세요. 자신의 모습이 어떻게 보이나요?

_____

_____

_____

Self-care 3. 자신에 대해 부정적으로 평가한 문장을 긍정적으로 바꿔보세요. 업무에서 인정받았거나 실수했던 순간에 내가 배운 것은 무엇인지 어떤 점이 성장했는지 작성해 보세요.

_____

_____

_____

2 일상에서의 자기돌봄
- 번아웃증후군

김비난 대리는 문득 '내가 잘 살고 있는 게 맞을까?' 하는 의문이 들었다. 누구보다 열심히 살아왔다고 자부하지만 이것이 정말 잘 사는 삶인지 모르겠다. 업무나 인간관계에서 작은 실수라도 하면 자책감에 시달린다. 특히 매출 실적이 부진한 달이면 계획한 것을 제대로 수행하지 못한 자신이 한심스럽다.

그런 날이 반복되자 일이 손에 잡히지 않고 업무가 나에게만 집중된다는 생각이 들었다. 다른 직원들은 야근도 하지 않는데, 나만 열심히 하는 것 같다. 일에 치인 날은 집에 와서도 푹 잠들지 못한다. 김 대리는 이제 아무것도 하기 싫고 매달 실적에 시달리는 것도 지겹다. 언제까지 업무에 치여 살아야 하는 걸까?

관계를 바꾸는 심리학 수업

⊘ 나도 혹시 번아웃증후군?

일에 몰입하기 어렵고 의욕이 없으며 피로감과 회의감, 절망, 탈진 증세를 보이는 것을 '번아웃증후군'이라고 한다. 이는 정서적·신체적으로 무기력에 빠지는 고통이다.

세계보건기구WHO는 국제질병분류(ICD-11)에서 번아웃증후군을 '제대로 관리되지 않은 만성 직장 스트레스'로 정의한다. 심리학자 크리스티나 매슬렉은 번아웃증후군의 주요 원인을 과도한 업무량, 통제력 상실, 보상과 인정의 부족, 빈약한 인간관계, 가치관 불일치라고 말한다. WHO에서 제시하는 번아웃증후군의 대표적인 증상은 다음과 같다.

첫째, 모든 일에 무기력하다. 신체적·정신적으로 지쳐 있는 상태이다. 업무에 대한 집중력이 떨어지면서 과거에 즐겁게 했던 일조차 버겁다.

둘째, 업무에 대해 냉소적이며 거부감이 든다. 자신에게만 일이 몰려서 공정하지 못하다는 부정적인 생각이 늘어난다. 동료에 대한 믿음도 줄어들어 심리적으로 의지할 사람이 없다.

셋째, 업무에 대한 효능감이 떨어진다. 능률이 떨어지니 성과를 내지 못하는 것도 당연하다. 이로 인해 자신에 대한 회의감이 들고 업무에서도 점점 위축된다.

⊘ 열심히 살았을 뿐인데…

한 취업 포털사이트가 직장인을 대상으로 설문조사한 결과 3명 중 2명(64.1%)이 최근 1년간 번아웃증후군을 경험한 것으로 나타났다. 근무연차별로 1년 차 미만 54.4%, 1~3년 61.9%, 3~5년 73.3%, 5~10년 79.7%, 10~15년 75.8%, 15년 차 이상 49.2%로, 5~10년 차 직장인들이 번아웃증후군을 가장 크게 호소했다. 원인으로는 대부분 직무와 진로에 대한 회의감, 일과 삶의 불균형, 과도한 업무량을 꼽았다.

우리는 사회에 첫발을 내딛는 순간부터 일터에서 대부분의 시간을 보낸다. 입사 초년생 때는 취업만 하면 다 되는 줄 알았는데 연차가 쌓일수록 성과에 대한 압박, 미래에 대한 고민, 사람들과의 갈등으로 힘들어한다. '절이 싫으면 중이 떠난다'는 말처럼 환경이 바뀌면 나아질까 싶어 이직을 해도 사람들과 관계 맺는 일은 여전히 어렵고, 성과를 올려야 한다는 부담은 줄어들지 않는다. 경제활동을 해야 한다는 관점에서 보면 일터를 떠날 수 없다. 새로운 일터로 이동해도 핵심 원인을 해결하지 않으면 '번아웃'의 반복을 경험한다.

하지만 번아웃증후군을 겪는다는 것은 과거도 현재도 열심히 살았다는 의미이기도 하다. 결국 번아웃의 무기력, 불안, 우울, 냉소적인 문제에서 빠져나오기 위해서는 나를 위한 '쉼'이 필요하다. 휴대폰 배터리가 방전되면 충전을 하듯 당신의 지친 마음을 충전할 쉼이 필요하다.

⊘ 쉼표를 찍는다는 건 멈추는 것이다

지친 나에게 무언가를 강요하고 있었다면 당신은 '슈드비 콤플렉스Should be complex'일 수 있다. '슈드비'는 '무언가를 해야만 한다'는 뜻이다. 뭔가를 하지 않으면 불안하기 때문에 끊임없이 움직인다. 일을 효율적으로 하기 위해 시간 낭비 없이 일정을 짜고, 누군가의 기대수준에 맞추느라 늘 바쁘다. 그래서 시간을 허투루 보내는 것을 견디기가 어렵다.

자신을 연료 삼아 끊임없이 움직이고 있다면, 쉬는 시간조차 무엇을 해야 할지 머릿속에서 계획을 세우고 있다면, 잠시 멈춰 보자. '멈춰도 괜찮다.' 잠시만이라도 지친 내 몸과 마음을 위한 쉼의 시간을 통해 회복과 충전의 시간을 가져 보는 것이다. 쉼의 시간을 가진다는 건 뒤처지는 것이 아니라 자기를 돌봐주는 시간을 가지는 것이다.

⊘ 자기를 돌보는 시간이 필요하다

가장 소중한 가족이나 친구, 사랑하는 연인이 힘들어한다면 당신은 무엇을 하겠는가? 위로의 말을 건네거나 따뜻한 밥 한 끼를 함께하거나 또는 말없이 옆에 있어주면 된다. 엄청난 것이 필요한 게 아니다. 나에게도 마찬가지다. 나 자신의 배터리를 충전해 주면 된다. 이것이 '자기돌봄'이다. '돌봄'은 건강한 생활을 유지하기 위해 회복을 돕는 행동이다. 일상에서 자신에게 관심을 가지고 자신을 따뜻하게 돌봐주는 마음이다.

세계적인 심리학자 타라 브랙은 《자기돌봄》에서 "자기돌봄은 나를 괴롭히는 생각의 쳇바퀴를 멈추고(멈춤), 순간에 깨어 있으면서 내 마음을 관찰하고(깨어 있기), 진짜 나를 인식하는(통찰) 과정"이라고 한다.

영화 〈써니〉에서 어른이 된 주인공 나미가 상처 입고 홀로 울고 있는 어린 나미를 안아주는 장면이 나온다. 그 어떤 평가도 하지 않고 상처 입은 나를 따뜻하게 안아주고 토닥여주는 것이야말로 지쳐 있는 나에게 해줄 수 있는 일이다.

타라 브랙은 RAIN(Recognize·Allow·Investigate·Nurture) 기법을 통해 '알아차림'과 '받아들임'으로 지금 이 순간을 살아갈 수 있다고 합니다. 내 감정을 이해하고 나를 편안하게 돌보고 나를 따뜻하게 안아주는 기법입니다.

Self-care 1. 지금 벌어지고 있는 일을 인정합니다(Recognize).

지금 이 순간 경험하고 있는 어려운 일을 찾아보세요. 생각, 감정, 감각에 주의를 집중하면서 스스로에게 '내 안에 무슨 일이 일어나고 있는가'라고 질문해 보세요. 이때 판단과 평가가 아닌 지금 이 순간 느끼는 감정을 있는 그대로 인정해야 합니다.

Self-care 2. 경험을 허용합니다(Allow).

내가 지금 경험하고 있는 생각, 감정, 감각을 허용해 보세요. 고통스러워서 회피하거나 떠올리지 않으려 통제하는 것이 아니라 '내가 ○○○의 감정을 느끼고 있구나' 하면서 그 감정과 함께하는 것입니다.

Self-care 3. 관심과 사랑으로 나를 살펴봅니다(Investigate).

자신에게 지금 일어나고 있는 감정과 감각을 온전하게 느껴봅니다. 나의 몸과 마음속에 무슨 일이 일어나고 있는지 바라보는 것입니다. 두려움의 감정에 머물고 있다면 나의 심장이 두근거리는지, 머리가 아픈지 집중하며 나를 살펴보세요.

Self-care 4. 자신을 보살피고 돌봅니다(Nurture).

자기 자신을 위로하고 보살펴 주세요. 가슴에 가만히 손을 얹고 토닥토닥해 주거나 '나비 포옹'을 해보세요. 나비 포옹은 두 팔을 가슴 위에서 교차하고 자신을 안아주는 것입니다. 그 상태에서 나비가 날갯짓하듯이 양손으로 10~15번 정도 토닥토닥 자신을 두드려 주세요.

3

상처 난 마음의 치유
- 자기연민

'또 실수하다니. 난 정말 한심해. 제대로 하는 게 없어.'

'누군가 나를 도와줬다면 실수할 일이 없었을 텐데.'

'그것만 잘 확인했다면 문제가 생기지 않았을 텐데. 다음에도 똑같은 문제가 생기면 다른 방식으로 해봐야겠어.'

예상하지 못한 실수를 했을 때 당신은 위의 반응 중 어떤 반응을 보이는가? 실수했을 때 나타나는 반응은 제각각이다. 개인의 성향과 상황에 따라 다르겠지만 대체로 나타나는 반응은 자신을 책망하거나 상대의 탓으로 돌리는 것이다.

마셜 B. 로젠버그는 《상처 주지 않는 대화》에서 자신에게 엄격한 잣대로 판단하며 감정과 욕구를 돌보지 않는 언어 방식을 '내면의 재판관'에 비유하며, 자칼로 상징화했다. 그리고 나를 비난하는 언어를 '자칼 귀 안', 상대를 비난하는 언어를 '자칼 귀 밖'이라고 표현했다. 업무에서 실수했을 때 '자칼의 언어'로 표현하면 다음과 같다.

- **자칼 귀 안** : 나는 바보 같아. 나는 쓸모없고 부족한 사람이야.
- **자칼 귀 밖** : 너 때문에 이런 일이 생긴 거야. 네가 문제야.

이와 반대로 나의 고통을 이해하고 감정과 욕구를 살피고 돌봐주는 '연민의 감정'을 가지는 것을 기린으로 상징화했다. 그리고 나를 공감하는 언어를 '기린 귀 안', 상대를 공감하는 언어를 '기린 귀 밖'이라고 표현했다. 업무에서 실수했을 때 '기린의 언어'로 표현하면 다음과 같다.

- **기린 귀 안** : 팀에 도움을 주지 못해서 속상해.
- **기린 귀 밖** : 당신과 협업하고 싶었는데 잘되지 않아 아쉬워.

자칼은 나와 상대를 비난하면서 상처 주는 표현으로, '자칼의 언어'는 마음의 평화를 깨는 방식이다. 반대로 '기린의 언어'는 나와 상대를 공감하는 표현 방식이다. 나의 감정 안에 어떤 욕구가 좌절되었는지 살피고 좌절된 나의 마음을 스스로 돌보는 방식이 기린의 언어이다. 즉, 나를 향한 연민의 마음, 자기연민이다.

⊘ 연민의 마음을 가진다는 것

연민은 타인의 고통을 알아차리고 위로하고 싶은 감정을 느끼는 것이다. 연민의 대상이 타인에서 자기로 향하는 것을 '자기연민self-compassion'이라고 한다.

자기연민은 자신의 고통에 귀 기울이고 보살피는 마음이다. 고통을 피하거나 단절하는 것이 아니라 내가 경험하고 있는 상황을 '있는 그대로' 받아들이는 것이다. 좋지 않은 상황에서 자신을 비난하는 자칼의 언어가 아니라 자신에게 기린의 언어인 따뜻한 연민의 말을 건넨다.

자기연민이 높은 사람은 부정적인 사건이 일어났을 때 있는 그대로 받아들인다. 그 사건이 나를 공격하고 위협한다고 해석하는 것이 아니라 자신의 부족한 점을 인정하는 것이다. 반면 자

기연민이 낮은 사람은 부정적인 사건에 방어적이며 거부하려는
경향이 강하다. 마치 자신이 공격받는 것처럼 여기기 때문이다.

⊙ 자기연민을 높이기 위한 3가지 방법

텍사스오스틴대학교의 크리스틴 네프 교수는 《러브 유어 셀
프》에서 자기연민을 높이기 위한 방법으로 '자기친절' '보편적
인간성' '마음챙김'을 제시한다.

1) 자신에 대한 비난을 멈추기 - 자기친절

자기친절self-kindness은 내면에서 끊임없이 벌어지는 자신에 대
한 판단과 비난을 멈추는 것이다. 일상에서 크고 작은 문제가
생겼을 때 자신을 탓하는 것을 멈추고 자신을 이해해야 한다.
가장 소중한 사람을 위로하듯이 나 자신을 위로해야 한다. 자기
비판을 잠시 멈추고 내 상황과 마음을 공감해야 내면에 평화가
깃들고 진정한 치유가 일어난다.

2) 인생은 고해다 - 보편적 인간성

"인생은 고해苦海다"라는 부처의 말씀이 있다. 삶에서 고통을

없앨 수는 없다. 이것은 보편적 인간성common humanity이다. 나 혼자만 고통을 겪는 것이 아니다. 모든 사람들이 고통을 겪는다. 물론 고통의 원인, 상황, 강도는 다르지만 내가 원하는 것을 항상 다 얻을 수 없기 때문에 고통이 따르게 마련이다.

3) 아픔을 친절하게 돌보기 - 마음챙김

현재 일어나고 있는 상황을 판단하는 대신 명료하게 바라보고 수용하는 마음이다. '지금 여기'에서 무슨 일이 일어나고 있는지 바라보면 마음의 공간이 생긴다. 어떤 상황이 생겼을 때 즉각적으로 반응하는 것이 아니라 마음의 여유를 가지고 나를 살피면 지금의 어려움을 해결할 수 있는 방법을 찾을 수 있다.

예를 들어 팀장이 지난 업무 실적에 대해 비판적인 피드백을 했을 때 스스로에게 이렇게 말할 수 있다.

"나는 지금 팀장님의 부정적인 피드백에 상처받았다. 나는 팀장님에게 화를 내고 싶지만, 심호흡을 하고 잠시 멈출 것이다. 그리고 팀장님이 말하는 의도가 뭔지, 나에게 상처를 주기 위한 것인지를 차근차근 생각할 것이다."

이처럼 지금 내 마음에 무슨 일이 일어나고 있는지 관찰한다는 것은, 즉각적으로 반응하지 않고 마음의 여유를 가지며 나의 마음을 살피는 것이다. 이것이 바로 마음챙김이다. 나의 아픔을 관찰하다 보면 마음의 여유를 가질 수 있다.

　자기연민과 자기동정을 동의어로 착각할 수 있지만, 크리스틴 네프 교수는 자기연민과 자기동정을 구분하고 있다. 자기동정은 '나만 불쌍해'라고 생각하며 자신을 가엾게 여기는 마음이다. 이것은 자연스럽게 우울과 슬픔을 동반한다. 반면 자기연민은 고통이 인간의 보편적인 속성으로 누구나 경험하는 것임을 인정하는 데서 출발한다. 지금 느끼는 고통을 다시 겪지 않도록 자신의 고통에 귀 기울이고 위로하는 마음이다.

자기연민을 높이기 위한 방법으로 크리스틴 네프는 '자기연민 일기'를 제안합니다. 숙제하듯이 일기를 쓰지 말고 나를 돌보는 일임을 기억하세요. 내가 출연하는 영화의 관객이 된 듯이 오늘 하루를 돌아보고 작성하면 됩니다. 고통스러운 경험, 판단, 평가도 괜찮습니다. 작성한 내용을 자기친절, 보편적 인간성, 마음챙김으로 정리해 보세요.

자기연민 일기(샘플)

Self-care 1. 오늘 하루 있었던 일

오전 내내 디자인 수정 요청 전화를 계속 받으니 짜증이 나기 시작했다. 메일이나 메신저로 요청해도 되는데, 김 과장님은 그것이 귀찮은지 계속 전화를 한다. 나에 대한 배려도 없고 이기적이라는 생각에 수화기를 거칠게 내려놓았다. 오후쯤 되니 내가 너무 심했나 하는 생각에 자책감이 들기 시작했다.

Self-care 2. 마음챙김 : 나의 감정을 자각하고 작성한다.

김 과장님의 잦은 전화에 화가 났다. 화가 나서 전화기를 거칠게 내려놓은 내가 한심스럽다.

Self-care 3. 보편적 인간성 : 누구나 화를 낼 수 있다. 인간이기 때문에 그렇다. 나의 감정 뒤에 다른 원인이 있었는지 생각해 보고 적는다.

오늘 마감해야 하는 디자인 작업이 있었는데, 마감시간 안에 하지 못할까 봐 불안했다.

Self-care 4. 자기친절 : 나를 위로하는 말을 적어보고 친절하게 말해 본다.

"괜찮아. 이번 일로 큰 문제가 발생하지 않아. 네가 얼마나 힘든 상황이었는지 알아. 그럼에도 잘 마무리하려고 했던 너의 마음을 이해해. 대신 다음에 이런 일이 일어난다면 전화를 받기 전에 호흡을 가다듬어 보는 것이 도움될 거야."

(자기연민 일기)

Self-care 1. 오늘 하루 있었던 일

_____

_____

_____

Self-care 2. 마음챙김

_____

_____

_____

Self-care 3. 보편적 인간성

_____

_____

_____

Self-care 4. 자기친절

_____

_____

_____

4

2차 화살을 피하는 방법

- 자기자비

만일 당신이 길을 걷다 화살에 맞았다면 우선 상처부터 치료해야 한다. 그런데 분노에 휩싸여 '누가 화살을 쏜 거지?'라며 범인을 찾아 나서거나, '내가 왜 화살을 맞아야 했지?'라며 이유를 생각하는 동안 상처는 더 심각하게 퍼진다. 불교에는 "어리석은 사람은 두 번째 화살을 맞고, 지혜로운 사람은 두 번째 화살을 맞지 않는다"는 말이 있다. 즉, 연이어 화살을 맞지 않아야 한다.

살아가다 보면 예측하지 못한 순간에 화살, 즉 상처를 입을 때가 있다. 이를 '1차 화살'이라고 한다. 그리고 내가 나에게 다시 쏘는 화살을 '2차 화살'이라고 한다. 보통 1차 화살은 피하기 어렵다. 그러나 내가 쏘는 2차 화살은 얼마든지 피할 수 있다.

심리학자 배르벨 바르데츠키는 《너는 나에게 상처를 줄 수 없다》에서 "처음 유배된 상처는 그 사람에게 받은 거였다. 하지만 시간이 흐르면서 그 상처를 더 키우고 곪게 한 건 나의 부정적인 감정이었다"라고 말한다. 상처받았을 때 그것을 계속 곱씹으면 고통은 더욱 커진다.

⊘ 나에게 자비로운 마음으로

상처로 고통스러울 때에는 나에게 한없이 자비롭고 따뜻한 마음의 햇살을 쬐어 상처를 치유해야 한다. 이를 크리스틴 네프는 '자기자비'라고 말한다. 불교에서 말하는 네 가지 자비심인 사무량심四無量心 중 하나이다. 과도한 자기비난에 빠져드는 대신 너그럽게 스스로를 이해하고 따뜻하게 돌보는 것이다.

나의 고통, 감정, 생각을 무시하면서 나에게 자비로울 수 없다. 세상에서 나를 가장 잘 이해하는 사람은 오직 '나'이다. 자기자비는 자기합리화와 다른 개념이다. 자기합리화는 인정하거나 수용하지 않는 방어기제이지만, 자기자비는 자신을 수용하고 인정하는 것이다. 수용한다는 것은 자신의 생각에서 한 발 물러나 나를 살피는 것이다.

방어기제 중에 투사와 내사가 있다. 투사는 나의 감정과 생각을 타인의 탓으로 돌리는 것이다. 예를 들어 내가 약속시간에 늦어서 불안한 감정을 상대방에게 돌리는 행동이다. "내가 늦어서 화난 건 아니지?"와 같이 자신의 불편한 감정을 상대에게 투사한다. 내사는 투사와 반대되는 개념이다. 문제의 원인을 나에게 돌려 자신을 비난한다. 상대방의 잘못으로 내가 억울한 상황에서도 자신을 탓한다.

⊘ 나의 생각과 나는 다르다 - 인지적 탈융합

김속상 과장은 팀을 총괄하다 보니 일을 놓치는 경우가 많았다. 총괄하는 사람이 자주 실수하니 팀원들이 점점 자신을 신뢰하지 않을까 두려웠다. 잘하고 싶은 마음이 들수록 일은 더 꼬이기 시작했다. 급기야 '나는 팀을 이끌어나갈 자격이 없는 사람이구나!'라는 생각이 점점 강해지면서 위축되었다.

심리학에서 '수용-전념 치료ACT' 기법 중에 '인지적 탈융합'이 있다. 떨쳐내기 힘든 생각을 내 안에 가두는 것이 아니라 거리를 두고 관찰하는 방법이다. 부정적인 생각과 거리를 두면서 '인지적 융합'이 되지 않게 하는 것이다. 인지적 융합이란 자신이 생각한 내용을 사실이라고 믿는 것이다.

김속상 과장은 '나는 자격이 없어' '쓸모없는 사람이야'라고 생각하면서, 내적 언어를 실제로 일어난 것처럼 여겨 점점 강하게 믿는다. 이것이 바로 인지적 융합이다. 자신의 생각을 그대로 믿는 것이다. '융합'은 다른 두 종류의 것이 녹아서 서로 구별 없이 하나로 합쳐진다는 의미다. 생각이 서서히 내 안으로 녹아들어서 '자신'이 되는 것이다.

반면 '인지적 탈융합'은 생각과 거리를 두는 것이다. '나는 쓸모없는 사람이야'라고 생각했다면 '쓸모없는 사람이야'라고 생각하는 내가 있을 뿐이다. '나'와 '생각하는 나'를 구분하는 '지혜로운 마음'이 필요하다.

⊘ 지혜로운 마음을 위한 인지적 탈융합

수용-전념 치료의 방법으로 인지적 융합을 인지적 탈융합으로 바꾸는 4단계가 있다. 1단계는 지금 나의 생각을 적어본다. 2단계는 나의 생각이 어떤 감정을 만드는지 융합 과정을 확인한다. 3단계는 생각과 나를 분리하는 탈융합 과정이다. 4단계는 그 생각과 나를 분리하여 그런 생각을 하는 것을 알아차리는 과정이다.

생각에는 힘이 있다. 눈을 감고 신 레몬을 떠올리면 실제로 레몬을 먹지 않았는데도 침이 고이는 것처럼 그릇된 생각도 사실이라 믿게 된다. 김속상 과장의 사례를 4단계로 구분해 보자.

1단계) 머릿속에 떠오르는 자기비판적인 생각을 종이에 적어본다.
'팀원들은 나를 신뢰하지 않아.'
'나는 팀을 이끌어나갈 자격이 없는 사람이야.'

2단계) 1단계에서 떠오른 생각을 짧은 문장으로 작성한 후 소리 내어 반복적으로 읽는다. 이것은 생각을 융합하는 과정이다. 소리 내어 읽어보며 '지금 이 순간' 자신의 마음에 어떤 감정이 일어났는지 적어본다.
인지적 융합 : 나는 팀을 이끌 자격이 없는 사람이다.
감정 : 우울, 분노, 속상함, 억울함, 답답함

3단계) 생각에 이름을 붙인다(탈융합). '나는 ~의 생각을 하고 있다'로 문장을 만들어보고 몇 차례 되풀이하며 읽어본다. 생각과 나를 분리하는 과정이다.
'나는 팀을 이끌 자격이 없는 사람이다'라는 생각을 하고 있다.

4단계) 생각을 한 번 더 탈융합해 생각과 나를 분리한다. '나는 ~의 생각을 하고 있다는 것을 알아차렸다'로 문장을 바꿔서 다시 읽어본다. 생각은 생각일 뿐이라는 것을 깊이 음미해 보는 것이다.

'나는 팀을 이끌 자격이 없는 사람이다'라는 생각을 하고 있다는 것을 알아차렸다.

스티븐 C. 헤이스는 《마음에서 빠져나와 삶 속으로 들어가라》에서 인지적 탈융합을 '생각을 통해 보는 것이 아니라 생각을 볼 수 있는 배움'이라고 했다. 김속상 과장의 사례를 보면 '팀을 이끌 자격이 없는 사람이야'라는 생각은 자신이 만든 것이다. 이러한 생각이 김 과장을 더 고통 속으로 밀어 넣는다. 생각은 멈추지 않기 때문이다. 인지적 탈융합의 과정은 생각을 알아차리는 것이다. 자신의 생각에 이름을 붙여서 지금 하고 있는 생각을 알아차리면 생각이 고이지 않고 지나갈 수 있다.

Self-care 1. 최근 힘들었던 사건을 종이에 적어보고 머릿속에 떠오른 부정적인 생각을 찾아보세요.

생각에 도움되는 질문

'나의 업무 능력에 대해 어떻게 생각하는가?'

'나의 친구들은 나를 어떻게 생각하는가?'

'나의 외모(신체)를 어떻게 생각하는가?'

'직장 동료들은 나를 어떻게 생각하는가?'

_____

_____

Self-care 2. 머릿속에 떠오른 생각을 짧은 문장으로 작성하고 소리 내어 반복적으로 읽어보세요. 이것은 생각을 융합하는 과정입니다. '지금 이 순간' 자신의 마음에 어떤 감정이 일어났는지 작성해 보세요.

- 생각 : _____

- 감정 : _____

Self-care 3. 생각에 이름을 붙여보세요. '나는 ~의 생각을 하고 있다'라고 문장을 만들어 몇 차례 되풀이하며 읽어보세요. 생각과 나를 분리하는 과정입니다.

- '나는 _____의 생각을 하고 있다.'

Self-care 4. 생각을 한 번 더 탈융합해 보세요. '나는 ~의 생각을 하고 있다는 것을 알아차렸다'로 문장을 바꿔 다시 읽어보세요.

- '나는 _____의 생각을 하고 있다는 것을 알아차렸다.'

5 내가 만든 감옥
- 인정욕구

당신에게 인정받는다는 것은 어떤 의미를 담고 있습니까?

대부분의 사람들은 자신을 인정해 주는 말을 들으면 동기부여가 된다. 인정욕구는 자신의 가치와 능력이 긍정적으로 평가받기를 바라는 마음이다. 《무소유》를 집필한 법정 스님도 마지막까지 놓지 못했던 욕구가 바로 '인정욕구'라고 한다.

사회적 존재로 살아가는 인간에게 있어 타인에게 인정받고자 하는 마음은 보편적 욕구이지만, 문제는 과도한 '인정욕구'에 있다. 나의 가치를 타인에게 인정받으려 하면 할수록 심리적으로 불안해지고 위축된다.

연구에 따르면 인정욕구가 높은 사람들은 불안감과 우울감도 높다고 한다. 그래서 부정적 피드백을 받아들이기 어려워한다. 완벽주의자는 사소한 실수와 피드백조차 견디지 못하고 결국 자기비판으로 이어진다.

⊘ 나는 어떤 인정욕구가 있는가?

남들에게 인정받고자 하는 마음은 누구나 가지고 있는 보편적인 욕구이다. 하지만 그것이 지나치면 마음의 상처를 입을 수 있다. 작은 일에도 칭찬의 말을 듣고 싶어 하거나, SNS에서 과도하게 자신을 포장하고 '좋아요' 숫자에 일희일비하는 등 다양한 상황에서 인정욕구를 갈망하지만, 현실은 자신이 원하는 만큼의 인정욕구를 충족할 수 없다. 다음은 인정욕구가 높은 사람들의 특징이다.

첫째, 자신을 긍정적으로 평가해 줄 때 존재감을 느끼는 사람들이다. 이들은 타인의 욕구에 민감하게 행동한다. '착하다' '좋은 사람이다'라는 평가를 받으면 존재의 의미가 생긴다. 반면 상대방의 평가가 부정적이면 자신이 거부당했다는 생각에 마음의 상처를 입는다.

둘째, 스스로를 대단하게 여기고 과시하면서 인정받기를 원하는 사람들이다. 흔히 좋은 차, 명품, 좋은 집 등으로 자신을 내

세우면서 '나는 이런 사람이야!'라고 자신의 모습을 드러낸다. 이들은 보여지는 모습 외에 자신의 내면은 부족하다고 생각한다.

셋째, 완벽한 모습으로 인정받기를 원하는 사람들이다. 이들은 무엇이든 완벽하게 마무리하지 못하면 자신에게 실망할 것이라고 생각한다. 그리고 완벽하지 못하면 사람들이 나를 무가치한 사람으로 여겨 내 곁을 떠날 수 있다는 불안감과 우울감을 가지고 있다.

타인이 인정해 주지 않아도 나는 괜찮은 사람이고, 소중한 사람이다. '그대로의 나'를 인정하고 사랑해야 한다. 타인이 인정하든 안하든 나의 존재가치는 변하지 않는다는 사실을 기억하자.

⊘ 인정욕구로부터 자유로워지는 일

그렇다면 무엇이 인정욕구를 부추기는 것일까? 인정욕구에서 자유로워질 수 있는 방법을 알아보자.

첫째, '나에 대한 이해'가 필요하다. 어린 시절 엄격한 부모님 밑에서 자라면서 '자기주장이 강한 것은 나쁘다'는 말이 내재화되어 있다면 착한 아이로 인정받기 위해 자기주장을 누르며 살아왔을 것이다. 이런 경우에는 '그 당시의 나는 그래야 생존할 수 있었지만 지금은 그때와 달라'라는 생각으로 과거와 분리할 필요가 있다.

둘째, 나를 객관적인 관점으로 살펴봐야 한다. '지금 현재 내가 원하는 것은 무엇인가?' 또는 '상대방에게 무엇을 두려워하고 있는가?'라는 질문으로 나를 객관화한다.

셋째, 내 인생의 주도권을 내가 가지겠다는 결심이다. 그러기 위해서는 내 감정과 욕구를 표현해야 한다. 처음부터 잘되지는 않는다. '내가 표현을 잘해서 상대방을 설득시키겠어'라는 생각 역시 인정받겠다는 마음이다. 중요한 것은 나의 마음을 이해하고 표현하는 것이다(내 마음을 표현하는 방법은 CHAPTER 4 참고).

⊘ 우리가 살고 있는 세상에서 인정의 갈구

우리의 환경은 끊임없이 무언가를 하도록 강요한다. 주말에는 맛집을 찾아가 인증샷을 남겨야 할 것 같고, 자기계발도 틈틈이 해야 할 것 같다. 피로사회가 아닐 수 없다. 내가 정말 좋아하고 원하는 것이 무엇인지를 고민하고, 누군가에게 보여주는 것이 아니라 나 자신이 뿌듯할 때 주체적인 나로 살아갈 수 있다.

드라마 〈이상한 변호사 우영우〉에서 '뿌듯함'이라는 감정을 볼 수 있다. 자폐 스펙트럼을 가진 변호사 우영우는 회사의 회전문을 통과하는 것을 두려워했다. 그러나 마지막 회 장면에서 자신의 리듬에 맞춰 쿵짝쿵짝 하며 회전문을 통과하면서 "오늘 느끼는 이 감정은 뿌듯함입니다"라고 말한다. 뿌듯함! 자신을 빛나게 하는 말이다. 인정의 첫 시작은 타인에게 받고자 하는 마음이 아닌, 자기 자신이 나를 바라보는 마음에서부터가 시작이다. 자신의 인생이 빛나기 위해서는 자신을 대견하게 여기고 인정하는 '스스로의 뿌듯함'이 필요하다.

관계를 바꾸는 심리학 수업

CHAPTER 4

나는 당신과
잘 지내고
싶습니다

1 ‖ 일상에서 만나는 자존감 빌런
‖ - 대인관계

당신 주변에는 빌런villain이 있는가? 소설이나 영화에서 악당으로 등장하는 빌런이 실제 나의 일상에도 숨어 있다면 어떨까?

한 취업 포털사이트에서 '직장 내 오피스 빌런이 있는가?'에 대한 설문조사를 실시했는데, 79.5%가 '있다'고 답했다. 10명 중 8명은 '오피스 빌런'을 경험하고 있는 것이다.

오피스뿐만 아니라 일상적인 관계에서도 빌런은 존재한다. 이때 갑질이나 막말을 하는 빌런은 피할 수 있다. 그런데 딱 꼬집어 말할 수는 없지만 미묘하게 마음에 상처를 주는 빌런이 있다. 만나고 나면 이상하게 내가 잘못한 것 같은 기분이 든다. 이 경우 내가 문제일까, 아니면 상대가 문제일까?

사람과 사람의 관계는 상호작용으로 이루어진다. 모든 만남에서 이런 경험을 한다면 나를 돌아봐야 하지만, 유난히 한 사람을 만났을 때 느끼는 감정이라면 상대를 분석해 봐야 한다.

⊘ 관계에도 과실은 존재한다

대인관계에서 마음의 상처를 입으면 무엇이 잘못되었는지를 따져볼 필요가 있다. 예를 들어 교통사고가 났다면 보험회사에서 과실 유무를 확인한다. 사고 경위를 살펴본 후 당신의 과실이 7, 상대방의 과실이 3이라는 식으로 판단한다. 양쪽 다 조금씩 실수한 것이 아니라 한 사람이 100% 잘못한 경우도 있다.

인간관계를 자동차 사고에 적용하는 것은 무리가 있지만, 대인관계에서 입은 상처에도 분명 과실이 존재한다. 예를 들어 자신의 열등감을 상대에게 투사하면서 타인을 괴롭히는 A가 있다. 그런데 착한 B는 '내 잘못이었어' '내가 그때 이런 말을 조심해야 했어'라며 잘못을 자신에게 돌린다. 하지만 이 경우 과실은 A에게 있다. 상대방의 문제를 내가 떠안아서는 안 된다.

누군가 당신에게 썩은 사과를 건넸다. 그것을 받을지 말지는 당신의 선택이다. 받는다면 썩은 사과는 이제 당신의 것이 된다. 받지 않으면 그 사과는 본래 주인의 것이 된다. 썩은 사과는 상대방의 문제이다. 상대의 문제를 당신의 잘못으로 여기고 자신을 비난하지 않아야 한다.

⊘ 당신의 자존감을 훔쳐가는 자존감 빌런

'내가 해봐서 아는데, 너한테는 어려워' '네가 그 일을 안 해봐서 모르는 거야' '내가 그럴 줄 알았어' '다 너를 위해 하는 말이야' 등의 말로 감정을 상하게 하는 사람이 있다. 특히 자주 만나는 관계라면 '가랑비에 옷 젖는다'는 속담처럼 당신의 자존감을 조금씩 갉아먹는다.

처음에는 대수롭지 않게 들었지만 시간이 지나면 '그럴 수도 있겠다'는 생각이 굳어진다. 다시 한 번 말하지만 당신이 모든 관계에서 이런 문제를 경험하고 있는지, 아니면 특정한 누군가를 만났을 때만 경험하는지를 판단해야 한다.

상대방은 왜 그런 말을 하는 것일까? 자신이 당신보다 우월하다는 것을 드러내고 싶은 마음 때문이다. 물론 의식적일 수도 있고, 무의식적일 수도 있다. 중요한 것은 그 말이 당신의 자존감을 갉아먹는다는 것이다.

⊘ 모든 관계가 '좋은 사람 vs 나쁜 사람'은 아니다

당신 주변에 극단적으로 변덕이 심하고 심리적으로 불안해서 관계를 맺기 어려운 사람이 있다면 '경계선 인격장애'를 의심해 봐야 하는데, 진단을 내리기는 쉽지 않다.

이들은 처음 만난 당신을 우상시하면서 당신에게 무언가를 기대한다. 그런데 그 기대가 채워지지 않으면 당신을 평가절하하면서 비난하고 험담한다. 분명 조금 전까지만 해도 기분 좋은 듯했는데, 사소한 말 한마디에 불같이 화를 낸다. 감정 변화 폭이 커서 같이 있으면 나 또한 감정이 롤러코스터를 타게 되니 불안하고 불편하다. 이들은 사람을 '좋은 사람 vs 나쁜 사람'으로 바라보고, 의존적인 성향과 타인을 조종하려는 경향이 있다. 이들과 함께 있으면 에너지가 점점 소진된다.

우리는 안타까운 사람을 보면 상대를 변화시키고 싶은 생각이 든다. 물론 선한 의도로 하는 것이지만 사람을 변화시키기는 쉽지 않다. 따라서 나를 불편하게 만드는 사람과는 거리를 두는 것이 좋다. 당신이 우선이다. 자신부터 안전하게 지켜야 한다. 자신이 누군가를 구원할 수 있다는 환상에서 벗어나야 한다.

⊘ 관계에서 채무는 존재하지 않는다

몇 년 전 에어컨을 사러 갔을 때였다. 제품을 둘러보는데 직원이 꼼꼼하게 설명해 주면서 시원한 음료를 건넸다. 여름이 막 시작될 무렵이라 갈증이 나던 터였다. 제품 설명을 듣고 다른 매장을 가볼까도 싶었지만 '이렇게 친절하게 설명해 주고 음료수까지 줬는데 여기서 사는 게 좋지 않을까? 어차피 다른 매장도 비슷할 텐데'라는 생각이 들었다. 그리고 그 자리에서 에어컨을 계약했다. 이처럼 상대방의 호의를 지나치지 못하는 것을 '빚진 감정'이라고 한다. 상대방에게 빚진 상황을 만들어 놓고 내가 원하는 것을 갖는 심리이다.

이것을 인간관계에 빗대어보자. 평소 당신에게 친절하게 대해주는 사람이 있다. 그런데 그 사람은 화가 나면(또는 당신이 실수하면) 당신을 비난하고 호통친다. 이건 분명 잘못된 행동이다. 하지만 당신은 '내가 힘들 때 나를 도와줬는데, 이 정도는 이해해 줘야지'라며 빚진 감정으로 대처한다. 연인 관계에서는 '내가 아프고 힘들 때 나를 정성껏 보살펴줬는데, 내가 부정적으로만 바라보면 안 되지'라고 생각한다. 하지만 상황을 객관적으로 바라봐야 한다. 인간관계는 채무관계가 아니다. 서로 대등한 관계여야 바람직한 인간관계를 맺을 수 있다.

회사에서 A라는 리더가 평소에는 당신에게 호의를 베풀다가 갑자기 자신의 감정을 조절하지 못하고 화를 냈다면 그동안의 선의를 봐서 참아야 하는가? 아니다. 평소에 잘해 주는 연인이 어느 날 당신에게 언어적·신체적 폭력을 가했다면 받아줘야 하는가? 이 역시 아니다.

부당한 행동에 대해서는 정확하게 말하고 다시 반복되지 않도록 해야 한다. 단 한 번만으로도 소중한 당신은 충분히 아프다.

⊘ 내 주변 빌런 퇴치법

가스라이팅, 나르시시즘, 편집성(의심하는 성격) 등으로 나를 힘들게 하는 빌런이 있다. 가스라이팅은 연인 사이에서만 일어나는 것이 아니다. 모든 관계에서 가스라이팅이 나타날 수 있다. 나르시시즘과 편집성도 마찬가지다. 좋은 관계를 유지하기 위해 그들의 감정을 받아들이고 요구를 들어주려고 노력하지만 그것이 오히려 더 많은 부작용을 초래할 수 있다. 그렇다면 내 주변의 빌런들에게는 어떻게 대처해야 할까?

첫째, 한 사람과의 관계가 유독 부정적이라면 그것은 나만의 문제가 아닐 수 있다. 사람을 조정하는 힘은 생각보다 강력하다. 상대방으로 인해 마음이 상했을 때 '내가 잘못했어'가 아니라 문제의 원인이 어디에 있는지 최대한 객관적으로 살펴봐야한다. 그들의 말이 언뜻 논리적으로 맞는 듯하지만 논리에 어긋나 있다. 또 당신을 배려하고 존중하지 않는다.

둘째, 상대와 거리를 두고 관찰한다. 가까울수록 객관적으로 보기 어렵다. 특히 직장 내에서나 연인 관계는 거리를 두기 어렵다. 이럴 때는 전략적인 방법이 필요하다. 예를 들어 직장에서는 점심시간, 티타임 등을 함께하기보다 다이어트, 자기계발 등을 핑계로 거리를 둔다. 물리적으로 거리를 두면 상대를 객관적으로 볼 수 있다.

셋째, 상대가 나를 무례하게 대할 수 없도록 나를 단단하게 만든다. 빌런들은 '내가 잘못한 건가?' 하는 죄책감을 불러일으킨다. '나는 잘했지만 당신은 잘못했어'라는 말로 당신을 이용하거나 착취하지 못하도록 스스로를 보호해야 한다.

폭력적인 배우자를 만나 힘들어하는 내담자가 있었다. 그녀의 남편은 연애 시절 화가 나면 작은 물건을 던지거나 벽을 치는 모습을 보였다. 헤어지려고 했지만 자신의 잘못을 뉘우치고 반성하는 모습을 보일 때마다 용서하고 넘어갔다. 문제는 결혼후였다. 폭력의 강도는 점점 높아졌고, 결국 그녀는 몸과 마음의 상처를 입고 상담실을 찾아오게 되었다.

폭력적인 사람의 특징 중 하나는 처음부터 신체적 폭력을 가하지 않는다는 것이다. 처음에는 벽이나 책상 등을 내리치다 그 강도가 점점 높아진다. 마찬가지로 사람의 마음을 해치는 것도 처음에는 약하게 시작되지만 점점 강도가 세진다. 신체적 위해만 폭력이 아니다. 정신을 착취하고 죄책감이 들게 하는 것도 폭력이다. 내 마음을 보호하는 것이 우선이다. 당신의 마음을 무시하면서 자존감을 보호할 수 없다. 내가 우선이어야 한다.

심리학자 배르벨 바르데츠키는 《너는 나에게 상처를 줄 수 없다》에서 "우리의 삶에 놓인 가시덤불을 깨끗이 걷어낼 방법은 없지만 한 가지 희망은 있다. 모든 나쁜 상황과 경우에도 우리는 선택의 여지가 있다는 것이다"라고 말했다. '나는 어쩔 수 없어'라는 말로 자신을 합리화하면 안 된다. 선택한다는 것은 방법을 찾고 행동한다는 뜻이다. 첫 번째 방법이 실패하면 두 번째 방법을 찾으면 된다.

당신은 어떤 모습으로 살아가기를 원하는가? 미래에 대한 청사진이 삶을 주도적으로 살아가게 할 것이다.

관계를 바꾸는 심리학 수업

2 │ 관계의 격을 높이는 소통
- 의사소통 유형

나대화 대리는 회사에서 승진자 과정 커뮤니케이션 강의를 듣고 소통의 기술을 배웠다. 평소에 나 대리는 상대방의 분위기에 맞추면서 말하고, 거절도 잘 못하는 성격이었지만, 강의에서 배운 대로 해보니 팀원들과 토론에서도 자신감이 생겼다.

그런데 회의에서 자기 의견을 당당히 펼친 그날 나 대리는 밤잠을 설쳤다. 지금까지 '나 대리는 사람 참 좋아' '참 착해'라는 평판을 들었는데, 적극적으로 의견을 내다 보니 '사람 변했네'라는 말을 들었다. '사람들이 뒤에서 수군거림과 뒷말을 하지 않을까?' 하는 생각에 밤새 뒤척이며 고민하던 끝에 나 대리는 기존의 소통방식으로 돌아갔다.

혼히 '사람은 쉽게 변하지 않는다'고 한다. 타인의 잘못된 습관을 두고 하는 말이기도 하지만, 때로는 나의 변화를 거부하는 표현으로 쓰이기도 한다. 변화에는 보통 두려움과 걱정이 동반된다. 그래서 '지금까지 별문제 없었는데, 뭘'이라며 기존의 방식을 고수한다. 익숙하기 때문이다. 나 대리는 지금까지 상대의 의견에 잘 맞춰주고 딱히 거절하지도 않았기에 '사람 참 좋다'는 말을 들었다. 하지만 그것은 나 대리의 성격으로 이득을 본 사람들의 평가일 뿐이다. 그렇다면 소통의 방식도 변할 수 있을까?

⊘ 성장 마인드셋 vs 고정 마인드셋

스탠퍼드대학교 심리학과 캐럴 드웩 교수는 《마인드셋》에서 '성장 마인드셋'과 '고정 마인드셋'의 중요성을 강조한다. 어떤 관점을 선택하느냐에 따라 한 사람의 삶에 큰 영향을 미치기 때문이다. '고정 마인드셋'은 사람의 자질은 이미 결정되어 있다고 믿는 것이며, '성장 마인드셋'은 사람의 자질은 변할 수 있다고 믿는 것이다.

예를 들어 새로운 도전에 있어서 '고정 마인드셋'을 가진 사람은 '나는 노력해도 할 수 없어'라고 생각하며 도전조차 하지 않는다. 반면 '성장 마인드셋'을 가진 사람은 '내가 노력한다면 충분히 가능해'라며 변화에 대한 가능성을 열어두고 자신의 잠재력을 끌어올린다. 이처럼 무언가를 배우거나 변화하는 데 필요한 것은 '성장 마인드셋'이다.

그렇다면 고정 마인드셋에서 성장 마인드셋으로 바꾸지 못하는 원인은 무엇일까? 다양한 요인이 있겠지만 그중 하나가 실패한 경험이 변화를 가로막기 때문이다. 다이어트에 실패한 경험이 많은 사람들은 또다시 실패할 거라는 신념이 자리한다. 이처럼 실패한 신념이 발목을 잡고 있다면 방법을 바꿔서 조금씩 꾸준히 도전하면 된다.

변화는 내가 원하는 삶의 모습을 그려보는 것에서 시작된다. 한 번에 변화되지 못하더라도 조금씩 바꿔보자. 어제보다 오늘 한 걸음 더 나아가면 되는 것 아닌가? 그 시간이 쌓여가다 보면 어느새 변화한 나를 만날 수 있을 것이다.

⊘ 일치형 vs 비일치형 의사소통

나대화 대리는 상대방을 중심으로 대화를 나누고, 나보다 상대의 감정과 욕구를 더 중시하다 보니 '착하다'는 말을 들었다. 하지만 그 말이 삶의 중요한 행동방식이 되는 순간 '나 자신'은 없어진다. 나 대리는 타인에게는 좋은 사람으로 평가받고 있지만 온전한 '나'로 살아갈 수는 없다.

미국의 심리치료사이자 의사소통 전문가인 버지니아 사티어는 '나-상대-상황'의 구조를 바탕으로, 일치형 의사소통과 비일치형 의사소통을 구분한다. 일치형 의사소통은 '나-상대-상황'의 전체적인 맥락을 고려해 소통하는 방식으로, 나와 상대방을 서로 존중하는 마음을 가질 때 가능하다. 반면 비일치형 의사소통은 대인관계에서 거절당할 가능성이 있다고 느껴지거나 스트레스 상황에서 자신을 보호하는 방식이다. '나-상대-상황'에서 한두 가지 또는 세 가지가 모두 없는 소통방식이다.

김영애가족치료연구소의 김영애 소장은 《사티어 빙산의사소통》에서 일치형 의사소통을 하는 사람들은 자신의 행동을 자각하고 선택하며 책임지기 때문에 자존감이 높다고 말한다. 반면 비일치형 의사소통을 하는 사람은 부정적인 영향을 받을 때 '나 자신'이 불안하기 때문에 의존적, 적대적, 혼란스러움을 보인다고 한다.

관계를 바꾸는 심리학 수업

⊘ 사티어의 의사소통 방식

버지니아 사티어는 의사소통을 '나-상대-상황'을 중심으로 회유형, 비난형, 초이성형, 산만형, 일치형의 5가지 방식으로 구분한다.

1) 나보다 당신이 더 중요해요 - 회유형 의사소통

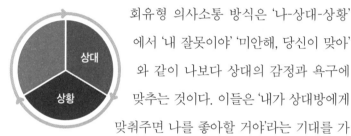

회유형 의사소통 방식은 '나-상대-상황'에서 '내 잘못이야' '미안해, 당신이 맞아'와 같이 나보다 상대의 감정과 욕구에 맞추는 것이다. 이들은 '내가 상대방에게 맞춰주면 나를 좋아할 거야'라는 기대를 가지고 있다. 하지만 상대는 당신의 마음을 이해하지 못한다.

회유형의 대표적 정서는 마음의 상처, 슬픔, 억눌림, 분노이다. 이러한 감정은 어느 순간 폭발할 수 있다. 이들은 자신을 달래기 위해 술에 의존하고, 상대방을 통제하려 들거나 뒤에서 몰래 비난한다. 이는 건강하지 못한 의사소통 방식이다.

회유형 의사소통에서 벗어나려면 나의 감정과 욕구를 상대방에게 표현하는 연습이 필요하다. 나의 감정과 욕구를 숨기는 것이 아니라 살피고 돌보며 표현해야 한다.

2) 당신보다 내가 더 옳아요 - 비난형 의사소통

비난형 의사소통 방식은 '나-상대-상황'에서 상대의 감정과 욕구를 고려하지 않는다. 상대방을 무시하고 비난하며 영향력을 미치려고 한다. 자신이 상대보다 더 우월하다는 것을 보여주기 위해 상대방의 말을 부정하고 통제한다. '넌 틀렸어' '네가 실수한 거야' '다 네 잘못이야' '내 말이 맞아' 등 공격적이고 명령하는 투로 말한다. 자신의 태도를 리더십으로 포장하면서 '나는 틀린 말은 하지 않는다'고 자신을 합리화한다. 또한 다른 사람이 자신의 기대를 채워주지 못하면 자신이 피해를 입었다고 생각하며 상대방의 잘못을 찾아내 비판한다.

이들은 자신의 실수와 약점을 받아들일 수 없기 때문에 외로움을 느끼며, 자신의 부족함이 드러나는 것을 두려워한다. 화, 억눌림, 상처, 외로움을 주로 느낀다.

비난형 의사소통에서 벗어나려면 다른 사람의 말에 공감하고 경청하는 연습이 필요하다. 언제나 '나'만 옳을 수는 없다. 내가 옳다고 주장하기 전에 상대방의 감정과 욕구를 먼저 이해해야 한다.

관계를 바꾸는 심리학 수업

3) 규칙과 원칙이 더 중요해요 - 초이성형 의사소통

초이성형 의사소통 방식은 '나-상대-상황'에서 상황만을 바라보며, 감정적으로 끌려 다니지 않는 모습을 보인다. 겉으로 보기에는 원칙을 강조하고 합리적이며 논리적으로 보이지만, 실상은 비논리적이고 보편성이 결여되어 있는 경우가 많다.

상황만 중시하기 때문에 상대에게 공감하기 어렵고 인간관계에서 고립되기 쉽다. '나는 어떤 감정도 통제할 수 있다'고 생각하며, '옳은 것' '자료' '자기통제'를 중시한다.

초이성형 의사소통에서 벗어나려면 먼저 나의 감정뿐 아니라 상대의 감정을 인식하는 것이 중요하다. 모든 일이 논리적으로만 움직이지 않는다.

4) 즐겁지만, 누구도 나를 알 수 없어요 - 산만형 의사소통

산만형 의사소통 방식은 '나-상대-상황' 모두를 고려하지 않는다. 이들은 하나의 주제에 집중하지 못하며, 말과 생각·행동이 어수선하다. 하나의 주제에 집중하지 못하기 때문에 상대방의 질문에도 계속

엉뚱한 대답을 하느라 대화를 지속하기 어렵다. 이들은 유머감
각도 있고 즐거워 보이며 분위기도 주도하지만 마음 한편에는
'아무도 나를 이해해 주지 않는다'고 생각한다. 내적으로 외롭고
소외되어 있어 사람들을 만나고 나서도 마음이 헛헛하다. 내면
에는 '무가치함' '외로움'이 자리 잡고 있다. 이들은 스트레스 상
황을 직면하기보다 회피한다.

   산만형 의사소통에서 벗어나려면 자신이 하려고 하는 말과
행동을 잠시 멈추고 현재를 바라보는 연습이 필요하다.

5) '나-상대-상황'을 존중하며 대화해요 - 일치형 의사소통

일치형 의사소통 방식은 '나-상대-상황'을
맥락적으로 고려하며 내면의 감정에 따
라 행동한다. 스트레스와 갈등 상황에
서 지나치게 자신을 방어하지 않고 나와
상대를 존중해 가며 의사소통한다. 상대방
의 말에 귀 기울이면서 자신의 감정과 기대하는 것을 표현한다.
나와 타인에 대해 수용적이며 개방적인 태도를 보인다.

관계를 바꾸는 심리학 수업

⊘ 비일치형을 일치형 의사소통으로 바꿔보자

의사소통은 상호작용으로 이루어지기 때문에 쌍방의 서로 다른 의사소통 방식이 공존한다. 예를 들어 가족 내에서 본인이 회유형이라면 배우자는 비난형이 될 수 있다. 이 경우 누군가는 주장하고 누군가는 희생한다. 직장 내 리더가 초이성형이라면 회유형의 구성원이 필요하다.

'자신이 주로 사용하고 있는 의사소통 방식은 무엇인가?'
'당신의 의사소통 방식은 언제부터 시작되었는가?'
'그 방식이 당신의 삶에 어떤 영향을 미쳤는가?'

보통 의사소통 방식은 자신을 보호하기 위한 수단으로 사용된다. 예를 들어 폭력적인 가정에서 자란 아이는 산만형 의사소통을 사용하는 것이 현실을 직면하지 않을 수 있는 방법이고, 이는 자신의 생존에 도움이 되었을 것이다. 강압적인 환경에서 자란 아이는 자신의 주장이 좌절되는 경험을 통해 회유형 의사소통 방식을 선택할 수 있다.

각각의 의사소통에는 긍정적인 자원도 숨겨져 있다. 회유형은 돌봄, 양육, 배려가 강하다. 비난형은 설득력과 지도력이 강하다. 초이성형은 지식이 매우 풍부하며, 산만형은 즐거움과 창의성이 뛰어나다. 이 자원을 토대로 비일치형 의사소통을 일치형 의사소통으로 바꿔야 한다.

자신이 가지고 있는 강점을 토대로 하나씩 변화해 나가보자. 회유형은 과거에 타인을 돌보던 마음으로 나를 돌보면 된다. 비난형은 나를 돌보던 방식으로 타인을 돌보면 된다.

다음 진단을 통해 의사소통 유형을 알 수 있습니다. 다만 이것은 자신이 점수를 체크하는 자기보고식 진단이므로 비일치형 의사소통이 일치형으로 나올 수도 있습니다. 진단 결과를 확신하기보다는 유형을 읽으면서 1차 추측한 후 2차 진단하는 방식을 권합니다. 그리고 다시 한 번 읽으며 자신을 성찰하는 시간을 가져보기 바랍니다.

※ 다음 글을 잘 읽고 해당 문항의 □ 안에 맞으면 ○, 틀리면 ×를 표시하세요. A~E의 □ 박스 안에 ○표를 작성한 개수를 세로 방향으로 합한 후 합계를 작성해 주세요. 가장 높게 나온 숫자가 본인의 의사소통 유형입니다.

no	내용	A	B	C	D	E
1	나는 상대방이 불편해 보이면 비위를 맞추려고 한다.	□				
2	나는 일이 잘못되었을 때 자주 상대방의 탓으로 돌린다.		□			
3	나는 무슨 일이든지 조목조목 따지는 편이다.			□		
4	나는 생각을 자주 바꾸고 동시에 여러 가지 행동을 하는 편이다.				□	
5	나는 타인의 평가에 구애받지 않고 내 의견을 말한다.					□
6	나는 관계나 일이 잘못되었을 때 자주 내 탓으로 돌린다.	□				

7	나는 다른 사람들의 의견을 무시하고, 내 의견을 주장하는 편이다.		☐			
8	나는 이성적이고 차분하며 냉정하게 생각한다.			☐		
9	나는 다른 사람들로부터 정신이 없거나 산만하다는 소리를 듣는다.				☐	
10	나는 부정적인 감정도 솔직하게 표현한다.					☐
11	나는 지나치게 남을 의식해서 나의 생각이나 감정을 표현하는 것을 두려워한다.	☐				
12	나는 내 의견이 받아들여지지 않으면 화가 나서 언성을 높인다.		☐			
13	나는 나의 견해를 분명하게 표현하기 위해 객관적인 자료를 자주 인용한다.			☐		
14	나는 상황에 적절하지 못한 말이나 행동을 자주 하고 딴전을 피우는 편이다.				☐	
15	나는 다른 사람이 부탁할 때 내가 원하지 않으면 거절한다.					☐
16	나는 사람들의 얼굴 표정, 감정, 말투에 신경을 많이 쓴다.	☐				
17	나는 타인의 결점이나 잘못을 잘 찾아내서 비판한다.		☐			
18	나는 실수하지 않으려고 애쓰는 편이다.			☐		
19	나는 곤란하거나 난처할 때는 농담이나 유머로 그 상황을 바꾸려 하는 편이다.				☐	
20	나는 나 자신에 대해 편안하게 느낀다.					☐
21	나는 타인을 배려하고 잘 돌봐주는 편이다.	☐				

관계를 바꾸는 심리학 수업

번호	문항					
22	나는 명령적이고 지시적인 말투를 자주 사용하기 때문에 상대가 공격받았다는 느낌을 받을 때가 있다.		☐			
23	나는 불편한 상황을 그대로 넘기지 못하고 시시비비를 따지는 편이다.			☐		
24	나는 불편한 상황에서는 안절부절못하거나 가만히 있지 못한다.				☐	
25	나는 모험하는 것을 두려워하지 않는다.					☐
26	나는 다른 사람들이 나를 싫어할까 봐 두려워서 위축되거나 불안을 느낄 때가 많다.	☐				
27	나는 사소한 일에도 잘 흥분하거나 화를 낸다.		☐			
28	나는 현명하고 침착하지만 냉정하다는 말을 자주 듣는다.			☐		
29	나는 하나의 주제에 집중하기보다 화제를 자주 바꾼다.				☐	
30	나는 다양한 경험에 개방적이다.					☐
31	나는 타인의 요청을 거절하지 못하는 편이다.	☐				
32	나는 자주 근육이 긴장되고 목이 뻣뻣하며 혈압이 오르는 것을 느끼곤 한다.		☐			
33	나는 감정을 표현하는 것이 힘들고, 혼자인 느낌이 들 때가 많다.			☐		
34	나는 분위기가 침체되거나 지루해지면 분위기를 바꾸려 한다.				☐	
35	나는 나만의 독특한 개성을 존중한다.					☐

36	나는 나 자신이 가치 없는 것 같아 우울할 때가 많다.	☐				
37	나는 비판적이거나 융통성이 없다는 말을 자주 듣는다.		☐			
38	나는 목소리가 단조롭고 무표정하며 경직된 자세를 취하는 편이다.			☐		
39	나는 불안하면 호흡이 고르지 못하고 머리가 어지러울 때가 있다.				☐	
40	나는 누가 내 의견에 반대해도 감정이 상하지 않는다.					☐
합계						
유형		A	B	C	D	E

출처 : 김영애, 《사티어 빙산의사소통》

A유형	B유형	C유형	D유형	E유형
회유형	비난형	초이성형	산만형	일치형

관계를 바꾸는 심리학 수업

3

공감도 배워야 할까요?
- 공감의 방법

드라마 〈커피 프린스〉에서 기억에 남는 장면이 있다. 어린 시절 아버지에게 상처받은 주인공 최한결(공유)이 좋아하는 한유주(채정안)에게 고민을 털어놓자 "이제 아버지 문제에서 가벼워져"라고 조언한다. 그러자 최한결은 "어떤 일이 사람 마음에 오래갈 때는 그게 오래갈 만하니깐 그런 거야. 괜히 그런 게 아니고."라고 말하며 서운한 감정을 표현한다.

　우리는 상대에게 쉽게 조언한다. 물론 상대를 위하는 마음이지만 내 말에 상처받을 수 있음을 간과해서는 안 된다. 누군가 당신에게 고민과 아픔을 말할 때는 '공감'이 우선이다. 그다음 상대가 허락했을 때 문제해결 방법을 제시해도 늦지 않다.

⊘ 상대는 왜 공감하지 못할까?

김공감 대리는 최근 경력직으로 이직 후 업무를 익히고, 직장 내에서도 좋은 관계를 유지하려고 고군분투 중이다. 업무에 대해 실수하는 날에는 따뜻한 말 한마디가 듣고 싶었다. 여자 친구에게 어려움을 말하자 "오빠만 힘든 거 아니야" 또는 "오빠가 이런 점을 놓친 거 아니야? 나하고 있을 때도 이런 실수 자주 하잖아"라고 말한다. 여자 친구는 공감하기보다 문제점과 해결책부터 내놓는다. 김 대리는 취미와 가치관 등이 여자 친구와 잘 맞지만, 감정적으로 공허함이 더해갔다.

우리는 친밀한 관계에서 더 많은 감정을 주고받길 원한다. 그렇기 때문에 부부와 연인 사이에 공감이 지속적으로 결핍되면 감정박탈증후군인 '카산드라증후군'을 경험하게 된다. 또 상대방이 자신의 마음을 헤아려주지 못하면 스트레스가 쌓여 우울감, 불안, 자존감 등으로 이어진다.

상대방의 마음을 공감하고 싶어도 공감하기 어려운 사람들은 4가지의 특징을 가지고 있다.

첫째, 회피성 애착과 자기애가 강해서 상대방의 마음을 이해하지 못한다. 회피성 애착은 자신의 감정을 인식하지 않으며 상대방과 가까워지려고 하지 않는다. 자기애가 강하면 자신이 최고라고 여기며 성공과 성취에 대한 욕망으로 가득 차 존경과 관심을 받고자 한다.

둘째, 감정보다 이성이 더 발달되어 상대방의 마음을 이해하지 못한다. 객관적인 사실과 데이터를 가지고 논리적으로 생각하는 것을 더 중요하게 여기기 때문이다.

셋째, 자신의 정서가 취약한 상태이다. 내 몸과 마음이 지쳐 있으면 상대의 감정을 공감하기 어렵다. 내 안에 상대의 마음을 헤아릴 공간이 부족하기 때문이다. 내가 지쳐 있을 때는 '자기공감'이 우선이다.

넷째, 해결사의 욕구를 가지고 있다. 자신도 과거에 그러한 경험을 해봤다는 이유로 공감하기보다 해결책을 먼저 제시한다. 상대의 이야기를 듣는 순간 나의 과거로 가서 내용을 구상하고, 미래로 가서 상대방에게 조언할 문장을 만든다. 나의 우월성을 보여주고 싶은 마음일 수 있다. 하지만 상대방은 당신이 생각했던 방법을 이미 해봤을지도 모른다. 말하기 전에 듣는 것이 우선이다.

⊘ 공감은 어떻게 해야 하는가?

공감은 다른 사람의 입장에서 세상을 바라보고 경험하는 것이다. 공감은 충조평판(충고, 조언, 평가, 판단)이 아닌 있는 그대로 상대방을 바라보는 태도이다. 자신이 더 힘들다며 화제를 자신에게로 전환하며 '불행 배틀'을 하지 말아야 한다.

공감은 '인지적 공감'과 '정서적 공감'으로 나뉜다. 인지적 공감은 생각과 관점 등을 상대방의 입장에서 헤아려보는 것이다. 반면 상대방의 감정을 유사하게 경험하는 것을 정서적 공감이라고 한다. 정신건강의학과 정혜신 의사는 《당신이 옳다》에서 정서적 공감과 인지적 공감의 비율은 2:8 정도라고 한다. 이성이 발달된 경우라 해도 상대방의 상황과 입장을 이해하면 공감할 수 있다는 것이다.

심리학자 칼 로저스는 "공감은 한 사람이 다른 사람에게 줄 수 있는 최고의 선물"이라고 말했다. 공감을 통해 상대방은 자신의 감정과 생각을 알아차리고, 자신이 기대하는 것, 필요로 하는 것, 욕구를 발견한다. 이로써 자아존중감을 높이고 상대와 건강한 관계를 맺을 수 있다.

⊘ 공감으로 이어질 수 없는 대화 방법

공감은 상대방의 생각, 감정, 상황 등을 고려해 상대방의 입장에서 이해하는 태도를 의미한다. 나와 상대방의 관점을 구분하고, 상대방의 관점을 이해하는 것이다. 자신은 공감의 표현으로 사용한 말이 공감이 아닌, 상처 주는 말의 표현일 수도 있다. 마셜 B. 로젠버그는 《비폭력대화》에서 공감으로 이어질 수 없는 대화 방법으로 6가지를 제시한다.

1) 공감은 동의와 다르다 - 동의하기

"맞아. 나라도 힘들었을 거야. 내가 보기에도 그 팀장님은 이상한 사람 같더라."

"선배니까 참죠. 다른 사람은 절대 못 참아요."

우리는 동의와 공감을 착각한다. 공감은 상대방의 감정을 이해하는 것이지 동의하는 것이 아니다.

2) 당신의 강한 충동을 접어야 한다 - 충고, 조언

"문제가 생기기 전에 미리 검토했어야지."

"너는 이런 점을 고쳐야 할 거 같아."

상대방은 당신에게 조언을 듣고자 이야기를 꺼낸 것이 아니다. 충고와 조언은 공감한 뒤에 해도 늦지 않다.

3) 가엾고 약한 존재로 보지 말기 - 동정하기

"너 요즘 하는 일마다 계속 꼬이네. 힘들어서 어떡하니?"

나의 입장에서 상대를 바라보고 평가하는 태도이다. 이 말을 들으면 상대방은 공감이 아니라 동정받고 있다는 기분을 느낀다.

4) 내가 원인을 파악해 볼게 - 분석, 진단하기

"너 아홉수 아냐? 그래서 계속 힘든 일이 생기는 거야."

"네가 너무 예민하게 생각하는 거 같아."

공감의 목적은 원인이 무엇인지 밝혀내서 옳고 그름을 가려내는 것이 아니다. 공감이 필요한 순간, 형사 콜롬보의 시각은 내려놓자.

5) 당신의 이야기만 중요한 게 아니다 - 말 자르기, 화제 전환

"이런 건 술 한잔이면 해결돼. 얘기는 그만하고 일단 마셔."

"내가 겪는 것에 비하면 별거 아니야. 우리 회사에 어떤 사람이 있냐면 말이야."

"네 말 들으니까, 갑자기 생각나는 것이 있는데."

귀찮아서, 불편해서, 또는 자기 관심사가 아니어서 말을 자른다. 또는 상대방의 이야기를 별거 아닌 일로 치부하고 자신의 이야기가 더 심각하다며 화제를 전환한다. 이때 농담을 하면서 상대의 이야기를 비하하거나 희화화하기도 한다. 나에게는 내 이야기가 중요하듯이 상대방도 자신의 이야기가 중요하다.

6) 감정을 더 이상 느끼지 않아도 돼 - 감정 흐름의 중지

"속상해한다고 달라지는 게 있겠어. 다른 방식으로 생각해 보자."

"세상에 너보다 힘든 사람이 얼마나 많은데."

감정의 대화를 방해하는 방식이다. 감정을 느끼는 것을 힘들어하거나 공감의 경험이 부족해서일 수 있다.

공감은 한 사람의 상황을 변화시킬 수는 없다. 그러나 한 사람이 다시 일어날 수 있는 힘, 용기의 에너지를 얻을 수 있다.

공감하고자 한다면 당신의 생각을 잠깐 멈추고 상대의 이야기부터 차분히 들어보자. 우선 상대방의 마음을 어루만지는 것이 더 중요하다.

4 마음의 이야기 듣기
- 공감적 경청

공감은 연습을 통해 얼마든지 익힐 수 있다. MBTI로 예를 들면 이성적 유형과 감정적 유형이 있다. 이 유형에서는 감정적 유형이 공감을 더 잘한다고 생각할 수 있지만, 이는 선호의 문제일 뿐이다. 공감을 상대방의 이야기를 듣고 함께 눈물 흘리고 화내는 감각의 반응으로 이해하는 사람들이 있는데, 이는 감정의 전이지 공감은 아니다.

공감은 학습을 통해서 충분히 키울 수 있다. 공감을 잘하기 위해서는 '경청'이 우선이다. 대부분의 사람들은 자기가 관심 있는 이야기는 잘 듣는다. 그러나 진짜 경청을 잘하는 사람은 상대가 어떤 이야기를 하는지에 관심을 가지고 귀를 기울인다.

⊘ 당신은 어떤 경청을 하고 있습니까?

경청은 왜곡적 듣기, 선택적 듣기, 피상적 듣기, 공감적 경청으로 구분할 수 있다. 상대방의 대화를 맥락 중심 또는 단어 중심으로 듣는가, 그리고 경청의 중심이 '나'인가 '너'인가에 따라 나눠진다.

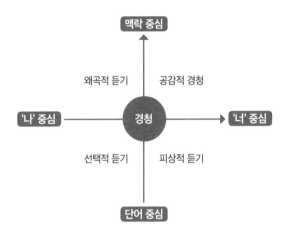

첫째, '왜곡적 듣기'는 맥락 중심, 나 중심으로 상대방의 이야기를 듣는 방식이다. 이 경우 대화의 오해가 생길 수 있다.

둘째, '선택적 듣기'는 전체의 내용을 듣는 것이 아니라 관심 있는 내용만을 선택해서 나를 중심으로 듣는 것이다. 나에게 흥미롭거나 나에게 도움이 되는 내용만을 선택해서 듣는다.

셋째, 상대를 중심으로 듣지만 전체적인 대화에 집중하지 않는 '피상적 듣기'는 중요한 메시지를 놓치게 된다.

넷째, 맥락을 중심으로 상대방의 상황과 입장에서 듣는 '공감적 경청'은 상대의 이야기에 오롯이 집중하므로 라포Rappor가 형성되고 마음의 문이 열린다.

⊘ 공감적 경청을 위한 비언어적 메시지

공감적 경청을 위해서는 언어적 요소뿐 아니라 비언어적 메시지도 중요하다. 상대방의 표정과 목소리도 고려하는 것이다. 이때 BMWBody, Mood, Word를 이용하면 효과적이다.

행동Body은 눈을 마주치는 것이다. 상대방의 눈과 표정에는 언어로 표현하지 못한 메시지가 담겨 있다. 과거 회사 기획팀에 근무할 때 팀원의 보고서를 종종 '어깨로 결제'하곤 했다. 업무가 바쁘다 보니 상대는 보지 않고 서류만 보면서 서명한 것이다. 잠시라도 눈을 마주쳤다면 보고서에 담겨 있지 않은 다른 의견도 들을 수 있었을 텐데 하는 아쉬움이 남는다.

분위기Mood는 이야기하고 있는 상대가 어떤 감정을 느끼고 있는지를 살피는 것이다. 상대의 감정을 알아야 공감할 수 있다.

말Word은 당신의 말에 귀 기울이고 있다는 것을 표현하는 것이다. 상대의 이야기를 확인하면서 들으면 맥락을 이해하는 데 도움이 된다. 그중 백트레킹은 상대가 말한 내용을 다시 한 번 되짚어주면서 정서적으로 공감하는 방법이다. 예를 들어 김 대리가 "반복된 야근으로 2주 동안 잠도 못 자고 지치네요"라고 말했을 때 "김 대리님, 계속된 야근으로 너무 피곤하고 힘드시겠어요"라고 상대의 말 중 중요한 내용을 정리해서 전달하는 것이다.

BMW 방식으로 상대방의 말에 집중하면 상대의 마음을 이해하고 친밀한 관계를 다질 수 있다.

⊘ 상대의 마음으로 들어가는 공감적 경청

공감을 이야기할 때 '알집 풀기'를 예로 들곤 한다. 알집으로 압축된 파일은 압축을 풀기 전까지 어떤 내용이 담겨 있는지 알 수 없다. 사람의 마음도 이와 같다. 상대방의 마음속에 어떤 감정과 욕구가 자리 잡고 있는지 공감하기 전에는 알 수 없다. 그래서 공감은 상대방의 마음속으로 들어가는 '알집 풀기' 과정이다. 공감적 경청 방법에는 침묵으로 듣기, 현존하며 듣기, 욕구에 집중하며 듣기가 있다.

1) 침묵으로 듣기

상대방의 말, 생각, 감정을 섣불리 판단해서 대꾸하지 않고 조용히 기다려준다. 상대방을 평가하지 않고 감정을 느끼면서 이야기를 듣는 것이다.

몇 년 전 방영된 예능 프로그램 〈배우학교〉는 박신양 씨가 탤런트, 개그맨 등의 출연진에게 연기를 지도하는 내용이었다. 박신양 씨는 출연진들에게 각자 '혼자 있는 시간'을 주제로 1인극을 제안했다. 다른 출연진들은 훌륭하게 소화해 냈지만, 장수원 씨는 무척 어려워했다. 장수원 씨 홀로 무대에 있고, 나머지 출연진은 장수원 씨를 바라보고 있었다. 아무것도 하지 못하고 가만히 서 있는 장수원 씨의 감정이 북받쳐 오를 때까지 박신양 씨는 침묵 속에서 묵묵히 기다렸다. 시간이 지나 장수원 씨는 자신의 감정과 생각을 스스로 정리하고 홀로 연기했다. 장수원 씨는 이후 인터뷰에서 박신양 씨가 끝까지 믿고 공감해 주며, 기다려준 것에 대해 감사를 표현했다. 이처럼 공감은 언어가 아닌 침묵 속에서도 이루어질 수 있다.

2) 현존하며 듣기

공감적 경청은 나의 생각이 과거와 미래로 가는 것이 아니라 현재에 집중하며 듣는 것이다. A가 B의 말을 들으면서 '이런 조언을 해줘야겠어'라는 생각을 하고 있다면 생각이 미래에 가 있는 것이다. 또 '나도 이런 일을 경험했어. 그때 했던 방법을 말해 줘야겠어'라는 생각을 하고 있다면 생각이 과거에 있는 것이다. A와 B는 같은 시공간에 있지만 생각의 언어가 과거 또는 미래로 가 있다면 상대의 말에 온전히 집중하고 이해할 수 없다.

공감은 지금 이 순간 상대방의 말에 집중하며 이해하는 과정이다. 물론 상대방의 말을 들으면서 공감하기 어려운 순간에는 나의 마음을 표현해야 한다.

3) 상대방의 기대, 바람, 욕구에 집중하며 듣기

상대방이 무엇을 기대하고 있는지, 무엇을 필요로 하는지 살피면서 주의 깊게 듣는 방식이다. 예를 들어 남편이 늦은 시간까지 술을 마시고 들어왔을 때 아내가 남편에게 '술을 끊었으면 좋겠어'라는 말을 했다면 아내가 원하는 '욕구'는 무엇일까? 표면적으로 드러난 메시지는 술을 마시지 않기를 바라는 것이지만, 아내의 실제 욕구는 술을 줄이고 그 시간에 나와 시간을 보내기를 바라는 '사랑의 욕구', 건강을 지켰으면 하는 '건강의 욕구' 등이다. 이처럼 표면적으로 드러난 메시지에 집중하는 것이 아니라 상대가 가진 욕구에 집중하며 들어야 한다.

상대방의 기대, 바람, 욕구에 집중하며 듣기 위해서는 경청의

3F(Fact, Feel, Focus)가 필요하다. 상대가 말하는 그대로 듣고^{Fact}, 상대가 어떤 감정^{Feel}을 느끼고 있는지를 생각하며, 상대가 원하는 것이 무엇인지를 파악하는 것이다^{Focus}.

- **Fact** : 상대가 말한 내용
- **Feel** : 현재 느끼는 감정
- **Focus** : 무엇을 필요로 하는지, 무엇을 기대하는지에 집중

상대방이 말하는 내용을 경청의 3F 방식으로 정리해 보면 상대의 마음을 알 수 있다. 예를 들어 매장에서 전자제품을 판매하는 김 매니저는 두 달째 목표 매출을 달성하지 못하고 있다. 그래서 지점장에게 면담을 요청하고, 이번 달 매출에 대해 고민을 털어놓았다. 이것을 경청의 3F로 정리해 보자.

- **Fact** : 목표 매출을 두 달째 달성하지 못하고, 이번 달도 매출에 대해 고민하고 있음
- **Feel** : 걱정, 답답함, 속상함
- **Focus** : 도움이 필요함

지점장이 김 매니저의 이야기를 경청의 3F로 들으면 다음과

같이 공감하며 답할 수 있다.

"김 매니저, 매출이 떨어져서Fact 답답하고 속상하죠Feel? 내가 김 매니저에게 어떤 도움Focus을 주면 될까요?"

공감은 상대가 나를 존중하고 배려하고 있음을 느끼게 해준다. 공감을 통해 상대는 생각이 유연해지고 확장되는 경험을 하며, 스스로 회복하고 성장하게 된다.

직장, 가족 관계에서 오늘 내가 공감해 줄 대상을 찾아보세요. 그리고 시간을 내서 상대를 충분히 공감해 주세요. 상대방의 표정이 변화되는 과정에서 당신도 의미 있고 가치 있는 시간을 가질 수 있습니다.

Self-care 1. 침묵으로 듣기
Self-care 2. 현존하며 듣기
Self-care 3. 욕구에 집중하며 듣기(3F)

• Fact : 상대가 말한 내용은 무엇인가요?

_____

_____

• Feel : 현재 느끼는 감정은 무엇인가요?

_____

_____

• Focus : 무엇을 필요로 하고, 무엇을 기대하나요?

_____

_____

5

잠깐만 당신의 표현을 멈춰 주세요
- 방해요인

한 취업 포털사이트에서 조사한 바에 의하면 직장생활에서 가장 중요한 역량으로 95.6%가 '대화의 기술'을 꼽았다. 100명 중 95명 이상이 대화의 기술이 필요하다고 느낀 것이다. 다른 조사에서는 소통의 장애를 경험했다는 의견도 79.1%였다.

소통은 우리의 삶에서 빼놓을 수 없는 중요한 기술이다. 혼자서는 살아갈 수 없기 때문이다. 더욱이 하이브리드 근무(출근, 재택 혼합 근무제)가 시행됨에 따라 소통이 더욱 강조되고 있다.

대화와 소통은 직장에서만 중요한 것이 아니다. 한 유명 연예인은 자신의 남편과 결혼한 이유로 "당신과 대화하는 게 재미있어서 당신과 오래도록 이야기하려고 결혼했어"라고 말했다. 연인, 부부, 가족 간에도 잘 소통해야 좋은 관계가 오래간다.

⊘ 소통이 힘든 순간

'김섭섭 씨의 남자 친구는 대화 중 스마트폰만 보고 있다. 대화에 집중해 달라고 말했지만 입으로만 알겠다고 할 뿐 여전히 스마트폰만 들여다본다.'

결혼정보회사의 설문조사에서 연인들이 데이트할 때 가장 서운한 행동으로 꼽은 내용이다. 당신이라면 이런 상황에서 상대방에게 어떻게 표현하겠는가? 참고 넘어가기, 감정을 거칠게 표현하기, 관계를 정리하기, 솔직하게 말하기 등 다양한 대처방식이 있다.

상황에 따라 다르겠지만, 친밀한 관계에서는 자신의 마음을 솔직하게 표현하는 것이 긍정적인 관계를 만드는 데 도움이 된다. 이때 자신과 상대의 감정 차이를 인식하고 행동해야 하는데, 이를 '감성지능'이라고 한다.

김섭섭 씨의 감정은 서운함, 섭섭함, 외로움이다. 이 감정에는 상대가 자신을 존중해 주길 바라는 욕구가 숨어 있다. 따라서 이때는 상대가 어떤 행동을 하면 자신의 욕구가 충족될 수 있는지 구체적으로 표현하는 것이 필요하다. 또 상대방은 왜 스마트폰을 볼 수밖에 없었는지도 생각해 봐야 한다.

"나하고 이야기할 때 당신이 스마트폰을 보고 있으면 내가 당신에게 중요하지 않은 사람으로 여겨져서(존중받고 싶은 마음) 섭섭해(감정). 당신이 스마트폰으로 회사 일을 처리하고 있다는 거 알아(상대방 이해). 하지만 나하고 만나 이야기를 나누는 동안에는 서로에게 집중하면 좋겠어(행동)."

대화를 하면서도 자신의 이야기가 온전히 전달되지 못한다는 생각이 들 때가 있다. 그 순간 잠시 멈추고, 현재 내가 느끼는 감정에 집중하고, 나에게 어떤 욕구가 있는지 스스로를 관찰해 보자. 그리고 감정과 욕구가 정리되었을 때 상대가 어떤 행동을 해주길 원하는지 표현하면 된다.

⊘ 나와 너를 연결해 주는 비폭력대화

나와 상대의 마음을 이해하고 소통할 수 있는 방법으로 마셜 B. 로젠버그의 '비폭력대화NVC'를 소개한다. 비폭력대화는 우리 안에 폭력이 가라앉고 연민의 마음으로 돌아간 상태에서 나누는 대화로, '관찰, 느낌, 욕구, 부탁'의 표현법이 있다.

　'관찰'은 있는 그대로 바라보는 것이다. 판단, 평가, 당연시, 강요 등의 반응을 보이는 것이 아니라 상대의 말을 있는 그대로 듣는 것이다.

　'느낌'은 지금 이 순간에 느껴지는 감정을 의식하며 표현하는 것이다.

　'욕구'는 지금 내가 필요로 하는 것이다. 자신의 욕구가 충족되었을 때의 감정과 충족되지 않았을 때의 감정은 다르다. 예를 들어 수면 욕구가 충족되지 않으면 피곤하고 지친다. 반면 수면 욕구가 충족되면 생기가 넘치고 상쾌함의 감정이 나타난다.

　'부탁'은 구체적인 행동 또는 연결의 말이다. 부탁은 강요와 구분해야 한다. 우리는 상대가 부탁을 들어주길 바라지만, 상대 역시 감정과 욕구가 존재하기 때문에 거절할 수 있다.

　비폭력대화를 공부할 때의 일이다. 한 교육생이 "비폭력대화는 저만 배우다고 될까요? 가부장적인 남편이 배우지 않으면 저희 집은 변화되지 않을 거예요!"라고 물었다. 선생님은 웃으며 "비폭력대화를 믿어보세요"라고 간단히 답했다. 몇 주 뒤 그 교육생은 "40년 넘는 시간 동안 남편에게 하지 못했던 말을 표현했고, 남편이 조금씩 변화되는 것을 봤어요. 남편이 저의 말에 귀 기울이기 시작했고, 남편이 처음으로 밥을 차려줬어요."라고 말했다. 드라마틱한 변화였다.

이처럼 비폭력대화는 자신을 표현하고 상대방의 말에 귀를 기울이는 힘을 키워준다. 또한 나와 상대를 존중하고 공감하는 자세를 길러준다.

비폭력대화를 처음 접할 때 경험하는 2가지가 있다. 첫째는 어색함이다. 하지만 어색함이 익숙함으로 바뀌면 소통과 관계가 자연스러워진다. 두 번째는 현실성이다. 비폭력대화의 4가지 표현법을 모두 지켜야 하는지에 대한 압박이다. 그러나 4가지 표현법을 모두 지켜야 한다는 생각을 내려놓고, 관찰, 느낌, 욕구, 부탁 중 하나만 사용해도 괜찮다.

그럼 마셜 B. 로젠버그가 설명하는 일상에서 비폭력대화를 방해하는 말에는 어떤 것들이 있는지 알아보자.

⊘ 비폭력대화를 방해하는 언어

비폭력대화를 하고 싶지만, 우리의 머릿속에는 비폭력대화를 방해하는 언어가 있다. 이들은 대화 속에서 의식적 또는 무의식적으로 표현된다.

1) 상대를 적으로 여기기 - 판단의 말

'우리 과장님은 카리스마가 부족해' '김 대리는 무능해' '당신은 폭력적이야' 등 상대를 판단하는 말은 삼가야 한다. 여기에는 상대에 대한 비난, 분석, 진단, 모욕, 꼬리표 붙이기 등이 포함된다.

2) 나는 나입니다 - 비교하는 말

'왜 기획팀의 김 대리보다 일을 못하니?' '우리 팀에서 당신이 제일 낫네' 등 상대와 비교하는 말은 하지 말아야 한다. '우리 팀에서 당신이 제일 낫네'라는 말은 얼핏 들으면 긍정적인 말이지만 경쟁을 부추기는 말이다.

3) 우리 모두는 선택할 수 있어요 - 강요의 말

'김 주임, 말대답하지 마세요' '시키는 대로 하세요'라는 말은 상대방의 선택과 욕구를 살피지 않고 강요하는 말이다. 상대가 이 말을 들었을 때 선택할 수 있는 것은 복종과 대항이다.

4) 나의 말을 정당화하기 - 당연시의 말

'그 정도 연차면 당연히 해야지' '부모라면 당연히 해줘야 하는 거 아냐?'라는 말은 행동의 결과를 당연하게 여기는 것이다. 그러나 당연하다는 것은 자신만의 기준일 뿐이다.

5) 행동의 원인을 돌리지 마세요 - 책임을 부인하는 말

'과장님이 지시한 거예요' '난 어떤 메뉴든 상관없어' '네가 좋다면 나도 그렇게 할게'라는 말은 자신의 느낌과 행동의 책임을 모호하게 부인하는 표현이다.

상대와 진정한 대화를 하기 위해서는 나와 상대의 감정과 욕구를 인식하고, 자신의 마음을 표현해야 한다.

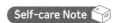

Self-care Note

진정한 소통을 방해하는 언어를 생각해 보고, 이것이 우리의 대화에서 어떤 불편함을 야기하고, 나를 어떤 이미지의 사람으로 느끼게 하는지 살펴보세요.

Self-care 1. 내가 '판단, 비교, 강요, 당연시, 책임을 부인하는 말'을 하고 있는지 생각해 보고, 어떤 말을 했는지 적어보세요.

① 상대를 적으로 여기는 '판단의 말'(비난, 분석, 진단, 모욕, 꼬리표 붙이기)

_____

_____

② 나는 나입니다. '비교하는 말'

_____

_____

③ 우리 모두는 선택할 수 있어요. '강요의 말'

_____

_____

관계를 바꾸는 심리학 수업

④ 나의 말을 정당화하는 '당연시의 말'

_____

_____

⑤ 행동의 원인을 남에게 돌리지 마세요. '책임을 부인하는 말'

_____

_____

Self-care 2. 나 스스로 '판단, 비교, 강요, 당연시, 책임을 부인하는 말'
중 자주 사용하는 방식이 있다면 무엇인가요?

_____

_____

Self-care 3. 앞으로 마음을 연결하는 대화를 할 수 있게 된다면 당신의
관계는 어떻게 변화될 수 있을까요?

_____

_____

6

마음을 연결하는 대화법
- 비폭력대화

최근 연인들 사이에 '깻잎 논쟁'이 한창이다. 한 커플과 친구 한 명이 함께 식사를 하는데, 친구가 깻잎 떼는 것을 불편해할 때 나의 연인이 이성의 깻잎을 떼어줘도 되는지가 논쟁의 핵심이다. 나의 연인이 내가 아닌 다른 친구의 깻잎을 떼주는 것이 '괜찮다 vs 안 된다'이다.

왜 이런 갈등이 생기는 걸까? 그 상황에서 각자 다른 욕구를 가지고 있기 때문이다. '안 된다'고 말하는 사람들에게는 '나는 당신에게 특별한 사람이길 바란다'는 '애정'의 욕구가 있다. 반면 '괜찮다'는 사람은 친구를 '배려'하고자 하는 욕구가 있다. 애정과 배려의 욕구가 서로 충돌하는 상황이다. 이때 표면적인 상황만을 가지고 대화를 하면 갈등은 첨예해진다. 자신의 욕구와 감정을 상대방에게 솔직하게 표현할 수 있어야 한다.

⊘ '나, 너, 우리'로 마음을 잇는 대화

마음을 잇는 비폭력대화는 '나'와 '너'가 연결되어 '우리'가 되는 것이다. 비폭력대화를 나누려면 우선 '나'의 감정과 욕구를 인식해야 한다. 그리고 '상대방'의 감정과 욕구를 인식해야 한다. 상대에게 충족된 욕구와 충족되지 못한 욕구를 살피고 인정할 때 서로를 이해할 수 있다. 그다음은 나를 포함한 '전체(우리)'와의 연결이다. 나와 상대가 연결되어야 전체(가족, 조직 등 모든 사람들)가 연결될 수 있다.

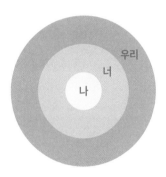

이처럼 '나'와 '너'가 연결되어 '우리'가 될 때 평화로운 관계를 맺고, 대화에서 기쁨과 위안, 즐거움을 얻을 수 있다.

⊘ 나와 너를 있는 그대로 받아들이기 - 관찰

'관찰'은 상대방의 말과 행동을 판단하지 않고 '있는 그대로' 받아들여서 표현하는 방식이다.

'넌 참 게으르다.'
'이 주임은 항상 지각이네요.'
'김 대리는 회사 경력이 5년 차인데, 아직 이것도 잘 못하나요?'
'김 과장은 매번 같은 실수를 하네.'

판단과 평가가 섞여 있는 이런 말은 소통에 도움되지 않는다. 비난이나 비판의 말을 들으면 우리는 방어하거나 공격하려는 자세를 취하게 된다.

- '넌 참 게으르다.'(판단)
  → '기획서 제출 마감이 이틀이 지났네요.'(관찰)
- '이 주임은 항상 지각이네요.'(판단)
  → '이 주임은 이번 달에 세 번 지각했어요.'(관찰)
- '김 대리는 회사 경력이 5년 차인데, 아직 이것도 잘 못하나요?'(비교)
  → '김 대리, 이번 결과 보고서에서 데이터를 누락했네요.'(관찰)

- '김 과장은 매번 같은 실수를 하네.'(판단)
  → '김 과장은 A고객사에 제안서를 일정 내에 전달하지 않았네요.'(관찰)

관찰은 상대를 비난하고자 하는 것이 아니다. 그런데 관찰의 방식으로 말했을 때 '취조당하는 것 같다'고 느끼는 사람도 있다. 이러한 생각은 다음 단계인 '느낌'에서 표현할 수 있다.

관찰하고 나서 판단과 평가를 하는 것이 아니라 당신의 생각을 잠깐 멈추고 '있는 그대로' 바라보는 것이 필요하다.

⊘ 내 마음속의 반응 찾기 - 느낌

태어나고 싶지 않은 아이가 있었다. 아이는 부딪치고 다쳐도 아무런 감정을 느끼지 못했다. '태어나고 싶지 않은 아이'이기 때문이다. 어느 날 태어나지 않은 아이를 따라온 강아지가 다른 여자아이의 엉덩이와 다리를 물었다. 여자아이는 엄마를 부르며 반창고를 붙여달라고 외쳤다. 그 모습을 본 태어나지 않은 아이도 반창고를 붙이고 싶어진다. 그리고 엄마와 반창고를 외친다. 태어나지 않은 아이는 드디어 다시 태어났다.

사노 요코의 《태어난 아이》라는 그림책의 내용이다. 여기서 '감정을 느낀다는 것'은 우리가 살아 있다는 증거다. 감정을 느낄 때 우리는 무엇을 필요로 하고 원하는지 알 수 있다. '태어나지 않은 아이'가 감정을 느끼자 '반창고'라고 외치며 욕구를 말했던 표현처럼 말이다.

느낌을 표현할 때는 생각과 구분해야 한다. '외롭다'는 것은 느낌이지만 '나는 외톨이가 된 것 같은 느낌이야'는 생각이다. 감정과 생각을 구분하기 위한 방법으로 감정이라고 생각하는 단어 뒤에 '~생각한다'를 붙였을 때 말이 자연스럽다면 감정이 아닌 생각의 단어이다.

⊘ 감정 속에서 원하는 것 찾기 - 욕구

'욕구Need'는 우리가 원하고 기대하는 것이다. 욕구는 매 순간 감정으로 드러난다. 욕구가 충족되지 않으면 슬픔, 속상함 등을 느낀다. 반면 욕구가 충족되면 즐거움, 기쁨, 편안함 등을 느낀다. 욕구를 이해하면 감정을 이해하게 되므로 나의 마음을 효과적으로 전달할 수 있다. 이처럼 우리가 하는 모든 행동은 욕구를 충족하기 위한 방법이다.

강사 초창기 시절, 매일 강의 준비에 너무 지쳐 있었다. 친구들에게 고민을 털어놓자 캠핑, 여행, 영화, 운동 등 다양한 방법을 알려줬다. 친구들의 제안대로 해봤지만 마음은 회복되지 않았다. 그때 '지금 나에게 필요한 것은 무엇일까?'를 자문해 봤다. 내가 원하는 것은 '혼자만의 시간'이었다. 열심히 달려오느라 나만의 시간을 가지지 못했다. 나는 혼자만의 시간(욕구)이 필요하다는 것을 깨닫고 저녁 30분의 산책(방법)으로 지친 마음을 회복했다.

우리는 부정적인 감정이 요동치는 순간 그것을 해소하기 위한 수단과 방법을 찾는다. 그러나 해답은 멀리 있지 않다. 내가 원하는 욕구를 찾아서 채우면 감정은 자연스럽게 해소된다.

⊘ 욕구를 인식했다면 표현하기 - 부탁

감정과 욕구를 찾았다면 이를 표현하는 '부탁'의 언어를 익혀야 한다. 부탁에는 두 가지 종류가 있다. 첫 번째는 상대방이 어떤 행동을 해주길 바라는 '행동의 부탁'이다. 두 번째는 나의 감정과 생각을 전달했을 때 상대방에게 내 말이 어떻게 들렸는지 확인하는 '연결의 부탁'이다. 두 가지 모두 비폭력대화에서 말하는 부탁이다.

강의 중 부탁하는 연습을 할 때 '내가 말한다고 바뀌겠어요?' '이런 부탁을 하면 나를 더 우습게 볼지도 몰라요'라고 말하는 사람들이 있다. 자신이 선택한 말과 행동이 상대방을 불편하게 할 수 있다는 '자기검열'을 무의식적으로 하는 것이다. 하지만 자신의 감정과 욕구를 숨긴 채 살아간다면 타인은 나를 이해할 수 없으며 나 역시 온전히 나의 삶을 살 수 없다.

부탁과 강요는 다르다. 부탁은 상대방의 감정과 욕구가 있음을 이해하는 것인 반면, 강요는 상대방이 무조건 해주길 바라는 것이다. 상대방도 거절할 수 있음을 이해한다면 '자기검열'에서 자유로울 수 있다. 상대방이 거절했을 때 당신이 상대를 비난하거나 비판하면 당신은 부탁이 아닌 강요를 하고 있는 것이다. 진정으로 부탁하려면 내가 무엇을 원하는지를 분명하게 인식해야 한다.

1) 행동의 부탁

부탁을 할 때는 긍정적이고 구체적으로 표현해야 한다. '앞으로 생산팀의 팀워크를 강화하기 위해 노력해 주세요'라고 하는 것은 막연한 부탁이다. 팀워크를 강화할 수 있는 방법이 빠져 있고, 어떤 노력을 해야 할지 알 수 없다. 상대가 방법을 생각해야 한다면 구체적으로 말한 것이 아니다.

'다음 주부터 생산팀의 팀워크를 강화하기 위해 매주 월요일 아침 9시부터 20분간 티타임을 가지고자 합니다'는 행동의 방법을 구체적으로 제시하는 '행동의 부탁'이다.

2) 연결의 부탁

대화를 할 때 나의 의도와 다르게 전달되는 경우가 있다. 이때 자신이 한 말을 상대방이 어떻게 이해하고 있는지 말해 달라고 부탁해 보자. 상대방에게 내가 전달하고자 하는 내용을 확인하기 위한 것이다. 예를 들어 다음과 같이 부탁해 본다.

"김 대리님, 신규 아이템 자료를 정리, 분석해 주셔서 팀에 도움이 되었어요. 다만 다음 미팅에는 A, B, C로 수정해서 보고해 주셨으면 합니다. 확인을 위해 제가 말한 내용을 다시 한 번 정리해 주시겠어요?"

⊘ 비폭력대화로 자유롭게 표현하기

비폭력대화의 과정은 '관찰 → 느낌 → 욕구 → 부탁'이다. 처음 비폭력대화를 하려고 하면 익숙하지 않아 어색함을 느낄 수도 있다. 그러나 익숙해질수록 차츰 내 안에서 표현의 자유를 갖게 된다.

비폭력대화에는 내가 솔직하게 말하는 방식과 다른 사람의 이야기를 공감하며 듣는 방식이 있다.

1) 솔직하게 말하는 비폭력대화 방식

- **관찰** : 내가 ~을 보거나 ~을 들었을 때
- **느낌** : 나는 ~을 느꼈어.
- **욕구** : 왜냐하면 나는 ~이 필요하기(원하기) 때문이야.
- **부탁** : ~해 줄 수 있을까? / 내 말을 어떻게 생각해?

당신의 남편이 지난 2주 동안 자정이 되어 집에 들어왔다면 당신은 어떻게 말하겠는가? "당신은 당신밖에 생각 안 해? 집에서 걱정하는 사람은 생각도 안 하고, 참 이기적이네"라는 말에는 판단과 평가가 섞여 있다. 이런 경우 남편은 아내의 말에 변명, 비난, 판단 등으로 대화를 시작할 가능성이 높다.

반면 비폭력대화는 "나는 당신이 지난 2주 동안 자정이 되어 퇴근하는 것을 보고(관찰) 걱정이 됐어(느낌). 당신이 건강을 해칠 것 같아서 말이야(건강의 욕구). 당신은 내 말이 어떻게 들려?(연결의 부탁)"라고 말하는 것이다. 나의 느낌과 욕구를 표현하고 상대의 마음을 듣고자 하는 표현이다. 이때 남편은 자신의 마음을 솔직하게 털어놓을 수 있다.

2) 공감하며 듣는 비폭력대화 방식

- **관찰** : 당신의 ~ 말과 행동을 보고 들었을 때
- **느낌** : 당신은 ~라고 느껴?
- **욕구** : 왜냐하면 당신은 ~이 필요하기(원하기) 때문에
- **부탁** : 당신은 내가 ~을 해주길 원하는 거야?

주말에 혼자 집안일을 하고 있는데, 남편은 서재에서 밀린 업무를 하고 있다. 혼자 집안일에 지친 당신이 "이 집에 나만 사는 것도 아닌데, 어떻게 조금도 도와줄 생각을 안 하는 거야?"라고 말한다면 남편은 어떻게 표현하는 것이 좋을까? 이때는 상대의 감정과 욕구에 집중해서 표현하는 것이 좋다.

"'이 집은 나만 사용하는 집이야!'라는 말을 들으니(관찰), 당신의 섭섭하고 속상함이 느껴지네(상대의 느낌 추측). 당신은 내가 집안일을 나눠서 하길 바라는 거지?(욕구) 내가 무엇을 하면 도움이 될지 구체적으로 말해 줄 수 있을까?(부탁)"

비폭력대화는 즉각적으로 반응하지 않는다. 어떤 자극이 들

어왔을 때 잠시 멈추고 내 안의 감정과 욕구를 인식하고 상대방에게 부탁한다. 이때 관찰이 중요한 것은 사실과 다른 해석으로 나와 상대의 마음을 오해하지 않기 위해서이다. 내가 판단과 평가를 하는 과정에서 상대방에게 오해의 마음을 품을 수 있기 때문이다. 관찰이 가능해질 때 감정과 욕구를 느끼고 부탁으로 이어질 수 있다.

비폭력대화를 연습할 때는 한 가지씩 시작해 보자. 오늘은 관찰만 하겠다고 결심했다면 상대방의 말과 행동을 '있는 그대로' 보고, 다른 날은 느낌과 생각을 구분해서 표현해 보자. 이처럼 한 계단씩 오르다 보면 상대와 마음을 연결하는 평화로운 대화를 하고 있을 것이다.

관계를 바꾸는 심리학 수업

비폭력대화를 처음 시작할 때는 어려움을 느낄 수 있습니다. 친구, 동료, 가족들을 상대로 연습해 보세요. 이때 4단계 과정을 한꺼번에 활용하지 않고, 관찰의 말, 느낌의 말, 욕구의 말, 부탁의 말을 각각 사용해도 됩니다. 여기서 제일 중요한 것은 당신이 표현할 때 안전과 평화로움을 느끼는 것입니다. 누군가의 말 때문에 힘들었던 기억을 떠올려 보고, 상대방에게 비폭력대화로 표현한다면 어떻게 할지 적어보세요.

Self-care 1. 힘들었던 사건, 말

_____

_____

Self-care 2. 비폭력대화

• 관찰의 말 :

_____

• 느낌의 말 :

_____

• 욕구의 말 :

_____

• 부탁의 말 :

_____

CHAPTER 5

행복한 삶을
살고
싶습니다

1

내 안에 다시 일어나는 힘
- 회복탄력성

4개월 전 이직한 박회복 팀장은 새벽까지 잠을 이루지 못했다. 경력직 팀장으로 이직하면서 매출을 올려야 하는데, 팀원들이 따라오지 못하는 것 같다. 그래서인지 팀원들의 작은 실수도 그냥 넘어가지 못하고 일일이 지적하게 된다. '마이크로 매니징은 옳지 않아'라고 생각하지만 팀원들의 미흡한 점이 먼저 눈에 띄니 간섭하지 않을 수 없다. 퇴근 후 팀원들에게 했던 말이 떠올라 자책하면서도 팀원들의 무성의한 태도에 화가 난다.

우리는 일상에서 크고 작은 스트레스를 경험하며 살아간다. 스트레스는 내적·외적에 대한 자극이다. 출퇴근길, 대인관계에서의 갈등, 성과 압박, 보고서 작성 등 매일 자극을 받으며 살아간다. 자극에 반응하는 방식은 사람마다 다르다. 어떤 사람은 스트레스를 받으면서도 긍정적으로 도전해 성장하는 반면, 스트레스로 인해 좌절하고 마음의 병을 얻는 사람도 있다.

⊘ 회복탄력성의 비밀

자신의 삶을 주도하면서 역경을 이겨내는 것을 '회복탄력성 Resilience'이라고 한다. 힘든 상황에서도 스스로 감정을 조절하고, 긍정적인 마음으로 살아가는 힘이다.

회복탄력성에 관한 연구는 영화 〈쥬라기공원〉의 촬영지로 유명한 하와이의 카우아이섬에서 시작되었다. 제2차세계대전 직후 카우아이섬의 주민들은 대부분 극심한 가난과 질병에 시달렸고 범죄자들도 많았다. 학자들은 이 섬에서 1955년에 태어난 신생아를 대상으로 40년간의 종단 연구를 진행했다. 특히 가장 열악한 극빈층, 알코올중독자, 정신질환자들의 자녀 201명을 분류한 후 '이들은 사회 부적응자로 성장할 것이다'라고 예측했다. 하지만 학자들의 예상과 달리 고위험군의 아이들 중 72명은 대인관계도 좋을 뿐더러 도덕적이고 성공한 삶을 살았다.

그중 마이클은 열 살이 되던 해에 어머니가 자신을 두고 섬을 떠났는데도 동아리 회장을 할 정도로 밝고 명랑한 청년으로 성장했으며, 미국 본토의 유명 대학에 장학생으로 합격했다. 메리와 케이도 유능하고 자신감이 넘치는 아이였다.

이 연구를 진행한 에미 워너 교수는 훌륭하게 성장한 72명의 공통된 속성과 원동력을 밝혀냈다. 비밀의 열쇠는 건강한 인간관계를 맺는 능력이었다. 이들 곁에는 무조건적으로 지지하는 한 사람이 있었다. 워너 교수는 이처럼 어떠한 역경에도 굴하지 않는 강인한 힘의 원동력을 '회복탄력성'이라고 정의했다.

크고 작은 역경과 스트레스를 극복하고 이전보다 더 건강한 삶을 살아가는 사람들이 있다. 우리도 회사에서든 일상에서든 순간순간 맞닥뜨리는 어려움을 견뎌내며 살아가고 있다. 매일 놀라운 회복력을 발휘하고 있는 것이다.

⊘ 회복탄력성의 3요소

그렇다면 회복탄력성은 키울 수 있을까? 물론이다. 헬스장에서 몸의 근육을 만들듯 마인드 트레이닝을 통해 누구나 마음속 회복탄력성을 높일 수 있다.

김주환 교수는 《회복탄력성》에서 회복탄력성을 키우는 요인으로 '긍정성, 대인관계 능력, 자기조절 능력'을 제시한다.

첫째, 긍정성은 자아낙관성, 생활만족도, 감사하기로 긍정적 정서와 긍정적 에너지를 만드는 능력이다.

둘째, 대인관계 능력은 소통능력, 공감능력, 자아확장력을 말한다. 타인의 감정을 이해하고 공감하면서 긍정적인 관계를 유지하는 능력이다.

셋째, 자기조절 능력은 감정조절력, 충동통제력, 원인분석력을 말한다. 어려운 상황일수록 자신의 감정을 조절하는 능력이 중요하다. 부정적 감정에 휩쓸려 충동적으로 행동하는 것이 아니라 상황에 맞는 대처 방안을 찾아야 한다.

'긍정성, 대인관계 능력, 자기조절 능력'의 3요소가 낮은 사람들은 긍정성을 먼저 높이는 것이 회복탄력성에 도움이 된다. 긍정성에는 만족, 안도감, 용서 등의 정서가 포함되는데, 부정적인 정서를 상쇄하는 힘이 있다.

◯ 긍정의 정서를 위한 '감사일기'

박회복 팀장은 우선 내 안의 긍정적인 정서를 찾아내 회복하

는 것이 중요하다. 감사일기를 작성하면 긍정적 정서를 높이는
데 도움이 된다. 매일 감사한 일 5개를 찾아 적어보는 것이다.
처음에는 찾기 어려울 수 있다. 그래도 괜찮다. 오늘 나의 하루
를 돌아보고 고마웠던 일, 만족했던 일을 찾아보자.

"점심시간에 김 대리가 '힘내세요, 팀장님'이라고 말하며 사준 아메리
카노가 감사했다."
"출근했는데 로비에서 박 대리가 엘리베이터를 잡아줘서 감사했다."
"팀 회의시간에 서로의 의견을 경청하는 팀원들에게 감사했다."

간단하게 한 줄로 써도 좋다. 감사일기를 꾸준히 작성하고 한
두 달 뒤에 다시 읽어보면 당신의 삶이 감사와 만족감으로 가득
하다는 것을 발견하게 된다. 긍정심리학자 마틴 셀리그만은 감
사일기를 작성하면 행복이 증진되고 부정적 정서가 사라진다는
것을 밝혀냈다.

감사일기를 써보면 일상에서 너무나 당연하게 여겼던 사소
한 일들이 나의 삶을 건강하고 행복하게 만들어준다는 것을 알
게 된다. 세상에 당연한 것은 없다. 누군가 엘리베이터를 잡아
준 것은 그 사람의 시간을 내게 선물한 것과 같다.

오늘 하루를 돌아보면서 의미 있었던 순간, 감사했던 순간, 만족했던 순간을 찾아보세요. 어떤 순간이라도 좋습니다. 간단하게라도 감사일기에 적어보세요. 감사한 이유도 함께 적어보세요. 예를 들어 회사에서 프레젠테이션이 잘 끝난 날은 이렇게 적어봅니다.

'지난주부터 열심히 자료를 수집하고 프레젠테이션을 준비했는데, 고객사에서 알아봐 주고 인정해 줘서 감사합니다.'

오늘 하루 감사했던 일 5가지를 적어보세요.

① _____

② _____

③ _____

④ _____

⑤ _____

감사함을 느꼈던 사람들에게 일기 형식으로 표현해 보는 것도 좋습니다.

2 | 내 안의 심리적 자원
- 강점

'당신은 무엇을 할 때 가장 즐겁고 행복한가요?'

'당신에게 좋은 삶이란 어떤 것인가요?'

강의 중 교육생들에게 이런 질문을 하면 "퇴근 후에 맥주 한 캔 마실 때요" "침대에 누워 유튜브 볼 때요"라고 답한다. 부모 님들은 "자녀들이 잘 성장하는 모습을 볼 때요" "가족이 아프지 않은 거요"라고 답한다. 그러나 위의 질문은 나의 '강점'에 대한 질문이다. 즉, 내가 무엇을 할 때 즐거운지에 대한 질문이다.

내 안의 심리적 자원인 '강점'을 아는 것이 중요한 이유는 힘 든 순간 자신을 지탱하는 힘이 되기 때문이다. 강점은 즐겁고 의미 있고 만족스러운 삶의 기준을 제시해 준다.

⊘ 좋은 삶이란 무엇인가요?

주변에서 좋은 삶을 살았다고 생각되는 인물을 찾아보자. 연예인, 가족, 역사 속 인물도 상관없다. 존경하는 인물, 좋아하는 인물 등을 찾아 그들의 어떤 점이 좋은지를 생각해 보자. 그리고 마음에서 우러나오는 내용을 중심으로 존경하는 이유를 5가지 적어보자.

필자는 어머니가 먼저 떠오른다. 어머니는 힘든 상황에서도 사람에 대한 연민을 잃지 않는 분이다. 언제나 따뜻한 말 한마디를 건네고, 삶의 어떤 순간에도 희망을 먼저 보았다. 새로운 것에 대한 호기심과 열정으로 도전하는 것을 두려워하지 않았다. 나는 어머니의 이런 점을 존경한다. 어머니는 도덕적으로 훌륭한 삶을 살고 계신다.

[존경하는 인물의 좋은 점 5가지]

1. 사람에 대한 연민을 잃지 않는다.

2. 새로운 일에 도전하는 것을 두려워하지 않는다.

3. _____

4. _____

5. _____

긍정심리학자 마틴 셀리그만은 '좋은 삶'을 조금 더 객관적으로 다루기 위해 '좋은 삶'의 요소를 연구했다. 그중 하나가 성격강점VIA, Values in Action 프로젝트다.

성격강점은 타인의 강점과 비교하는 것이 아니라 그 자체로 가치 있는 것이다. 예를 들어 당신은 호기심이 많고, 당신의 친구는 신중하다고 할 때 둘 중에 어떤 것이 더 좋다고 할 수 없다. 따라서 강점의 반대말은 약점이 아닌 잠재강점이라고 한다.

성격강점은 지혜와 지식, 용기, 인간애, 절제, 정의, 초월의 6가지 핵심 덕목과 하위의 24개 강점으로 구성된다. 우리는 자신만의 대표강점 5개를 찾아 나다운 삶을 살아가야 한다.

자신의 성격강점을 이해하고 개발하면 첫째, 무기력과 우울을 극복하는 데 도움이 된다. 둘째, 나와 상대방의 강점을 모두 존중하며 행복하고 가치 있는 삶을 살게 된다. 셋째, 조직 현장의 문제를 해결하고 생산성을 향상시킨다.

현대 경영학의 아버지 피터 드러커는 "약점으로는 어떤 성과도 낳을 수 없다. 성과를 만드는 것은 강점이다. 강점을 파악해야 한다"고 말했다.

⊘ 진정한 나다움의 '성격강점'은 무엇인가?

사람들은 각자 타고난 강점이 다르기 때문에 내가 가진 강점으로 행동하고 성장할 때 '나다운 모습'을 잃지 않고 살아가게 된다. 여기서 '나답게 살아간다'는 것을 알기 위해서는 내가 무엇을 할 때 즐겁고 행복한지를 살펴봐야 한다.

다음은 마틴 셀리그만과 크리스토퍼 피터슨이 개발한 '덕목과 성격강점'(2005년)이다. 나를 행복하게 만드는 성격강점에 체크해 보자.

	지식을 발전시키고 활용하는 인지적 강점	
Ⅰ. **지혜와** **지식**	1) 창의성 : 새로운 방식과 생산적인 방법으로 생각함	
	2) 호기심 : 다양한 경험에 관심을 가짐	
	3) 개방성 : 모든 상황을 검토하고 다양한 측면에서 사고함	
	4) 학구열 : 새로운 기술, 주제, 지식을 배우고 숙달함	
	5) 통찰력 : 현상을 전체적인 관점으로 바라보며, 타인에게 지혜로운 조언을 함	
	역경과 난관에 부딪혔을 때 두려움을 극복하고 목표를 성취하는 정서적 강점	
Ⅱ. **용기**	6) 용감성 : 위험, 도전, 어려움, 고통에 위축되지 않음	
	7) 인내 : 장애물이 생겨도 끝까지 이뤄냄	
	8) 진실 : 자신을 거짓 없이 솔직하게 표현함	
	9) 열정 : 삶에 활력이 넘침	

III. 인간애	공감, 연민, 사랑으로 친밀한 관계를 맺는 대인관계 강점	
	10) 사랑 : 타인과의 관계를 소중히 여기고 마음 깊이 교류함	
	11) 친절 : 타인에게 호의를 가지고 선한 동기로 선행을 베풂	
	12) 사회적 지능 : 타인과 자신의 동기 및 감정을 인식	
IV. 정의	건강한 사회와 공동체 삶에 기여하는 시민의식(사회적) 강점	
	13) 협동심 : 사회와 조직에서 자신의 역할을 인식하여 책임감 있는 태도로 협력	
	14) 공정성 : 감정적으로 편향되지 않고 모든 사람을 공평하게 대하며 기회를 부여	
	15) 리더십 : 집단활동을 체계화하고 효과적으로 조직을 이끎	
V. 절제	지나친 것을 통제하고 타인에게 해가 되는 충동적 행동을 조절하는 중용적 강점	
	16) 용서 : 잘못을 용서하며 상대를 너그럽게 대함	
	17) 겸손 : 자신의 성과를 지나치게 내세우지 않고 주목받으려 하지 않음	
	18) 신중성 : 조심스럽게 선택하고 나중에 후회할 언행을 하지 않음	
	19) 자기조절 : 자신의 감정, 욕구, 행동을 조절함	
VI. 초월	더 넓은 관점에서 삶의 의미를 발견하고 이해하는 강점	
	20) 심미안 : 모든 삶의 영역에서 아름다움과 탁월함을 섬세하 게 인지하고 가치를 부여	
	21) 감사 : 자신에게 좋았던 것들을 알아차리고 감사하는 태도	
	22) 희망 : 미래를 긍정적으로 바라보고 성취하기 위해 노력함	
	23) 유머 : 유쾌한 분위기로 다른 사람을 즐겁게 해줌	
	24) 영성 : 신념, 목적의식, 신앙심 등 인생의 궁극적 의미와 목 적을 추구하며 일관된 믿음을 가짐	

24개의 강점 중에서 자신의 대표강점 5개를 찾아보자.

_____, _____, _____, _____, _____,

VIA 홈페이지(viacharacter.org)에서도 성격강점 진단을 무료로 할 수 있다(진단할 때 언어를 한국어로 체크).

성격강점 진단은 '진정한 나'로 살아가기 위한 도구이다. 강점 강의를 하다 보면 '인내 때문에 제 인생이 피곤하고 힘들어요' 또는 '저는 이 강점 말고 다른 강점을 원해요'라고 말하는 교육생이 있다. 우선 나의 강점 때문에 피곤하고 힘들었다는 것은 이 강점이 사회에서 강요받은 강점이기 때문이다. 예를 들어 가족 내에서 '첫째는 이렇게 행동해야 한다'는 말에 부응하기 위해 첫째에게 필요한 강점을 강화하며 살아가는 것이다. 그리고 내 강점보다 다른 사람의 강점을 먼저 보는 경우도 있는데, 강점에는 가치 판단이 들어가지 않는다. 자신의 강점이 내 삶에 어떻게 발현되는지, 그리고 내 삶에 어떤 도움을 주고 있는지 살펴보면 자신의 강점이 소중하다는 것을 깨닫게 된다.

성격강점은 삶의 심리적 안정감과 자존감을 높여준다. 또 힘든 순간 자신을 단단하게 지켜준다. 힘들어 쓰러지고 싶은 순간 나를 단단하게 지지해 주는 것이 강점이기 때문이다. 일에 치여 힘들 때 '사회적 지능'이라는 자신의 강점을 활용해 모임 활동을 하며 에너지를 만들 수 있다. 또 '심미안'의 강점을 가진 사람들은 박물관, 미술관에서 아름다운 예술작품을 보면서 마음의 위안을 받을 수 있다. 이처럼 자신의 강점을 알게 되면 자신의 삶을 더 즐겁고 행복하게 살 수 있다.

Self-care Note

당신의 5가지 대표강점을 찾아보고, 그것을 개발하기 위해 어떻게 해야
할지 실천가능한 방법을 작성해 보세요.

강점	실천방법
사회적 지능	주 1회 독서모임(라이터스 룸)에 꾸준히 나가서 사람들과 교류하며 자기계발을 하겠습니다.

3 행복한 삶의 초대
- P.E.R.M.A

실화를 바탕으로 한 영화 〈행복을 찾아서〉는 주인공 크리스 가드너(윌 스미스)가 매일 생계를 걱정하는 순간에도 가족과 함께 삶을 견뎌내는 이야기다.

크리스는 힘들게 면접 기회를 얻게 되었지만, 면접 당일 좋지 않은 사건에 얽히면서 정장 차림이 아닌 페인트와 기름때가 묻은 차림으로 면접장에 늦게 도착한다. 면접관이 크리스에게 질문한다.

"내가 셔츠도 안 입고 면접 보러 온 사람을 채용했다면 이유가 뭐라고 생각하십니까?"

크리스는 대답한다.

"아주 멋진 속옷을 입었나 보죠."

유머 있는 답변으로 크리스는 채용된다. 그의 답변에는 거드름이 아닌 내면에서 우러나는 자신감이 배어 있었다. 행복도 마찬가지다. 행복의 기준은 타인이 아니라 내가 중심이어야 한다.

심리학자 캐롤 리프는 "행복이란 자신을 긍정적으로 수용하고, 신뢰 속에서 따뜻한 관계를 형성하는 것"이라고 말한다. 더불어 자신의 원칙과 기준에 따라 자율적으로 결정하고 행동하는 것이라며, 이를 '심리적 안녕감'이라고 표현한다. 이처럼 한 개인의 행복한 삶이란 사회 구성원으로서 자기수용, 긍정적 대인관계, 개인의 성장, 자율성, 환경 통제력 등을 잘 실행하며 살아가는 것이다.

⊘ 당신이 생각하는 행복의 모습은 무엇인가요?

행복은 주관적인 감정이므로 내가 생각하는 행복의 기준이 무엇인지부터 살펴봐야 한다. 예를 들어 행복한 삶의 기준이 가족이라면 가족과 시간을 보내야 한다.

미국 캘리포니아대학교 심리학과의 소냐 류보머스키 교수는 《How to be happy 행복도 연습이 필요하다》에서 행복을 결정하는 요인을 유전적 요인 50%, 의도적 활동 40%, 환경적 요인

10%로 구분했다. 유전적 요인은 성향·외모 등이며, 환경적 요인은 경제력과 건강상태 등이다. 이 2가지 요인은 바꾸는 것이 어렵기 때문에 통제 가능한 40%에 해당하는 의도적 활동을 통해 자신의 행복을 만들어가야 한다. 따라서 행복하길 원한다면 통제하기 어려운 요인에 집중하는 것이 아니라 내가 통제할 수 있는 일에 집중해야 한다.

당신이 요즘 힘들다면 '나 자신을 위해 무엇을 해야 하는가?'를 묻고 실천하면 된다. 아무것도 하지 않으면 아무 일도 일어나지 않는다. 내가 행복해지고 싶다면 나 자신을 위해 무엇을 해야 할지 고민하고 실천해 보자.

⊘ 행복을 위해 무엇을 해야 하나요?

행복한 삶을 사는 방법은 사람들마다 다양하다. 좋은 사람들과 관계를 맺거나, 무언가에 몰입하는 것일 수도 있다. 긍정심리학에서는 행복을 위한 방법으로 'P.E.R.M.A'를 제시한다. 긍정정서, 몰입, 관계, 의미, 성취의 5가지 요소이다.

1) 긍정정서Positive emotion

심리학자 바버라 프레드릭스는 행복한 삶을 가져다주는 긍정정서 10가지를 '기쁨, 감사, 평온, 흥미, 희망, 자부심, 재미, 영감, 경외, 사랑'이라고 말한다.

오늘 하루를 돌이켜보고 긍정정서를 느낀 순간을 찾아보자. 출근길 맛있는 카페라테를 마시던 순간, 퇴근 후 아이들이 반겨주던 순간 등 오늘 하루 긍정정서를 느낀 순간을 흘려보내는 것이 아니라 충분히 느껴보자.

2) 몰입Engagement

미국의 심리학자 미하이 칙센트미하이는 '시간이 어떻게 지나갔는지 모르겠어'라고 말할 정도로 어떤 활동에 푹 빠져 시간을 보내는 것을 '몰입의 즐거움'이라고 표현했다. 몰입은 일상에서도 자주 경험할 수 있다. 대청소와 운동 등 무언가에 푹 빠져서 근심과 걱정이 사라지는 순간을 행복 상태라고 한다. 특히 자신이 좋아하는 일, 흥미, 취미 등에 몰입하면 행복을 느끼면서 성장할 수 있다.

3) 관계Relationship

인간은 사회적 동물이기에 좋은 인간관계를 통해 정체성을 찾을 수 있다. 하버드대학교 의과대학 조지 베일런트 교수의 연구 결과에 의하면 친밀한 인간관계가 삶의 즐거움에 영향을 미친다고 한다.

친밀한 관계를 위해서는 소통이 필수적이다. 상대방에게 즐거운 일이 있을 때 함께 음미할 수 있는 '지지적 소통'의 대화를 나누는 것도 좋은 방법이다. 예를 들어 직장 동료가 승진했을 때 "김 대리가 1년 동안 프로젝트를 위해 열심히 노력한 거 알지. 힘든 프로젝트였는데 참 대단해요. 승진 축하해요"라며 결과만 축하하는 것이 아니라 과정까지 축하하면서 행복한 감정을 음미할 수 있도록 하는 소통이 '지지적 소통'이다. 반면, '전환 소통'은 상대방에게 좋은 일이 생겼을 때 그것을 자신의 이야기로 전환하는 것은 친밀한 관계를 방해하는 소통 방식이다. "김 대리, 승진 축하해요. 그 프로젝트 하면서 고생한 거 누구보다 제가 잘 알아요. 저도 그랬거든요. 제 상황은 이랬어요"라고 말을 잇는다면 대화의 주인공을 자신에게 옮기는 전환 방식의 소통이다. 진정한 소통을 원한다면 '지지적 소통'을 통해 삶의 즐거움을 나누고 음미하는 관계를 만들기 바란다.

4) 의미^{Meaning} 있는 삶

자신의 삶에서 의미를 찾는 것이다. 이를 위해서는 지금 하고 있는 일이 나와 세상에 어떤 영향을 미치고 있는지를 생각해 봐야 한다.

벽돌공의 이야기가 있다. 지나가는 사람이 벽돌공 세 명에게 질문한다. "지금 당신은 무엇을 하고 있습니까?" 첫 번째 벽돌공은 "돈을 벌고 있습니다"라고 말했다. 두 번째 벽돌공은 "벽돌을 옮기고 있습니다"라고 말했다. 세 번째 벽돌공은 "아름다운 성당을 짓고 있습니다"라고 말했다. 세 명의 벽돌공 모두 같은 일을 하고 있지만, 세 번째 벽돌공만이 자신이 하는 일에 의미를 부여했다. 내 삶의 의미는 타인이 아니라 나 자신이 부여하는 것이다.

생텍쥐페리는 "삶의 의미는 발견하는 것이 아니라 찾아가는 것"이라고 말한다. 외부가 아닌 자신의 내부에서 찾아야 한다.

5) 성취ㅣAccomplishment

어떤 목표를 설정하고 실현하는 것이다. 자신의 목표를 이룬다는 점에서 자신감과 자기효능감을 형성하는 데 도움이 된다. 예를 들어 '건강을 위해 일주일에 세 번 1시간씩 운동하겠다'는 목표를 정하고 실행하는 과정에서 행복을 느낄 수 있다.

P	E	R	M	A
Positive emotion 긍정정서	Engagement 몰입	Relationship 관계	Meaning 의미	Accomplishment 성취

  행복을 위한 5가지 요소 중에서 일과 삶의 균형을 맞추기 위해 무엇을 먼저 실천할지는 스스로 선택하면 된다. 최근에 바쁘다는 핑계로 주위 사람들과 소홀했다면 관계를 먼저 실천해 보자. '행복하고 싶어!'라고 말로만 이야기하는 것이 아니라 지금부터 삶을 조금씩 가꿔간다면 일상에 소소한 즐거움이 쌓여 행복한 삶을 살아가게 된다.

행복한 삶을 위한 5가지 요소인 P.E.R.M.A의 균형을 맞추기 위해 자신
이 할 수 있는 일을 계획하고 실천해 보세요.

P.E.R.M.A	우선순위	실천방법
긍정정서 (Positive emotion)		
몰입 (Engagement)		
관계 (Relationship)		
의미 있는 삶 (Meaning)		
성취 (Accomplishment)		

4 건강한 스트레스 관리
- 나만의 해소법

'직장 내에서 스트레스를 받는 가장 큰 요인이 무엇인가' 하는 질문에 직장인들은 '업무 성과에 대한 압박'(14.8%), '미래에 대한 불안감'(12.1%), '과도한 업무량'(10.5%) 등으로 답했다. 스트레스 해소 방법으로는 '운동'(11.3%), '영화 감상'(10.2%), '술 마시기'(3.9%) 등이었다.

이처럼 우리는 일상에서 다양한 스트레스를 받으며 살아간다. 그리고 잠자기, 맛있는 음식 먹기, 수다 떨기 등 나름의 방법으로 스트레스를 해소하고 있다. 하지만 이런 해소법은 일시적으로는 도움이 되지만, 한 가지 방법만 사용하는 것은 위험할 수 있다. 폭식은 잠시 기분전환은 되겠지만 배가 지나치게 부르면 더 불쾌해지고 자신에 대한 혐오감과 수치감을 느낄 수 있다.

스트레스를 받을 때마다 잠을 잔다면 근본적인 문제가 해결되지 않은 채 무기력에 빠질 수 있다. 또한 술, 담배, 게임 등은 일시적으로 힘든 감정을 잊을 수는 있지만 중독에 빠지기 쉽다.

⊘ 투쟁-도피 반응에서 나를 지키는 방법

위험한 상황에 맞닥뜨렸을 때 나타나는 반응으로 3F가 있다. 싸우거나Fight, 도망치거나Flight, 그 자리에서 얼어붙는Freeze 것이다. 산에서 우연히 곰이나 멧돼지를 맞닥뜨리면 그 자리에서 얼어붙거나 도망칠 것이다. 아니면 싸울 수도 있다. 이를 심리학에서는 '투쟁-도피 반응'이라고 한다. 자신을 보호하기 위해 본능적으로 나타나는 행동이다.

투쟁-도피 반응은 스트레스 상황에서도 나타난다. 리더가 팀원들 앞에서 당신에게 부정적인 피드백을 했을 때 그 자리에서 리더에게 화를 내며 따지는 것은 투쟁이다. 반면 웃으며 자신의 감정을 숨기는 것은 도피이다. 스트레스를 받았을 때에는 즉각적으로 투쟁 또는 도피를 하기보다 나만의 해소법을 찾아야 한다.

스트레스를 해결하는 방법에는 문제해결적 방법, 지지적 방법, 주의분산적 방법이 있다.

1) 문제해결적 방법

스트레스의 원인을 찾아서 능동적이고 적극적으로 문제를
해결한다. '문제를 어떻게 하면 해결할 수 있을까?' '다른 문제해
결 방법은 없을까?' 등을 고민하고 구체적인 계획을 세워서 실
천한다.

2) 지지적 방법

다른 사람들에게 도움을 구한다. 자신과 비슷한 경험을 하고
있는 사람들에게 문제를 해결할 수 있는 방법에 대해 조언을 구
한다. 또한 친하고 편한 사람에게 감정을 표현하고 공감, 위로,
격려 등을 구한다.

3) 주의분산적 방법

스트레스를 불러일으킨 문제를 해결하기보다 다른 일에 집
중한다. 예를 들어 러닝머신 뛰기, 좋아하는 음악 듣기, 등산, 반
려견 산책 등을 하면서 기분 전환을 한다.

3가지 방법을 상황에 맞게 선택해서 스트레스를 해소해 보

자. 주의할 점은 한 가지 방법을 계속 고수해서는 안 된다는 것이다. 예를 들어 스트레스를 받으면 게임을 하는 사람이 있다. 하지만 너무 게임에만 집중하면 스트레스 해소가 아니라 중독에 빠질 수 있다. 또 사람들에게 의지하는 방식으로 스트레스를 해소하면 자기주도성을 잃을 수도 있다.

한 가지에 몰입하기보다 상황에 따라 적절하게 사용하는 것이 좋다. 이번 주에 지지적 방법을 선택해 주의를 환기했다면, 다음 주에는 문제를 적극적으로 해결하며 스트레스를 관리하는 것이다.

관계를 바꾸는 심리학 수업

나는 어떤 방법으로 스트레스를 해소하는가? 스트레스를 받는 상황과
그에 대처하는 방법을 작성해 보세요.

스트레스 상황	전략	대처방법
팀 회의에서 부정적 피드백	주의분산	회의 후 좋아하는 음악 듣기

삶을 긍정하기
- 수용

김좌절 과장은 올해도 승진 대상에 올랐지만 네 번째 고배를 마셨다. 입사 15년 차로 동기들은 벌써 팀장이 되었는데 자신은 만년 과장이다. 더욱이 자신의 팀장은 두 살 어린 후배라서 그 밑에서 일하기가 민망하다. 다른 후배들 보기도 부끄럽고 심리적으로 위축될 때가 많다.

회사를 그만두고 사업을 해볼까도 생각해 봤지만 현실적으로 엄두가 나지 않는다. 첫째 아이가 내년에 고등학생이 되는데 학원비부터 들어갈 돈을 생각하면 한숨 먼저 나온다. 주변에서는 '긍정적으로 생각하라'고 위로해 주지만, 그 말이 자신을 더 작게 만든다. 이 상황에서 어떻게 긍정적으로 생각할 수 있겠는가?

사람들이 흔히 건네는 '긍정적으로 생각하라'는 말에는 희망과 밝은 미래가 내포되어 있다. 하지만 이 말은 긍정을 왜곡하는 것일 수도 있다. 힘든 상황에 놓인 사람에게 이 말은 더 상처가 되고 무기력하게 들리기도 한다.

긍정이란 '그러하다고 생각하여 옳다고 인정함'이라는 뜻이다. 밝게 생각하는 것이 아니라 힘든 순간을 수용하고 인정하는 것이다. 힘든 상황에서 좋게만 생각하는 것은 '회피적 전략'이다. 이 순간을 받아들이고 내가 할 수 있는 일을 한다는 점에서 긍정은 행동의 영역이다.

가톨릭대학교 서울성모병원의 정신건강의학과 채정호 교수는 《옵티미스트(행복한 선물)》에서 긍정의 의미를 좋게만 생각하는 것이 아니라 행동해야 한다고 말한다. 예를 들어 냄새가 나는 방에서 '곧 좋아지겠지'라고 생각만 하고 별다른 행동을 하지 않는다면 방 안의 냄새는 사라지지 않고 여전히 남아있다. 그러나 진짜 긍정적인 사람은 창문을 열어서 공간을 환기시킨다. '나'와 '나를 둘러싼 환경'을 최적의 상태로 만들고자 적극적으로 행동한다. 이처럼 긍정은 단순히 좋게만 바라보는 것이아니라 적극적으로 행동하는 것이다.

코로나19가 발생하고 얼마 되지 않았을 때이다. 필자는 사람들을 만나 강의와 심리상담을 할 수 없게 되자 걱정이 많았다.

이때 '언젠가는 좋아지겠지. 코로나19는 곧 끝날 거야'라고 막연하게 생각하는 것은 가짜 긍정이다.

우선 '교육장과 상담실에서 사람들을 직접 만나기 어려워졌어'라고 현재 상황을 받아들인(긍정) 다음 내가 할 수 있는 일은 무엇일까를 고민해 보았다. '온라인 플랫폼을 이용하면 어떨까? 온라인 환경에 대해 공부하고 익히자'라고 실천 계획을 세우고 행동했다. '지금부터 어떤 방식으로 공부하면 좋을까? 온라인 스터디를 통해 하나씩 배워나가자. 배우다 보면 좋은 결과가 있을 거야' 그렇게 매주 1~2회 온라인 플랫폼을 통해 스터디를 시작했다. 그리고 온라인으로 다시 교육과 상담을 할 수 있게 되었다. 이처럼 진짜 긍정은 막연한 희망이나 기대가 아니라 현재의 상황을 인정하고 수용한 다음 행동하는 것이다.

⊘ 무엇을 수용하고 바꿀 것인가?

우리의 삶에는 바꿀 수 없는 상황도 존재한다. 변화의 방향을 찾을 수 없을 때 수용, 즉 받아들이는 태도가 필요하다. 예를 들어 사랑하는 사람의 죽음, 아픔, 나이 듦 등은 내가 노력한다고 해서 해결할 수 있는 문제가 아니다. 이렇게 나의 의지로 바꿀 수 없는 고통은 겸허히 받아들일 수밖에 없다. 신학자 라인홀트 니부어의 〈마음의 평온을 위한 기도〉는 받아들임으로써 얻는 평화를 노래하고 있다.

바꿀 수 없는 것을 받아들이는 평온함과

바꿔야 할 것을 바꾸는 용기,

그리고 이 둘을 분별하는 지혜를 허락하소서.

하루하루를 한껏 살아가게 하시고,

순간순간을 한껏 즐기도록 하시고,

고통이 평화에 이르는 길임을 받아들이게 하소서.

우리가 해야 할 것은 '바꿀 수 없는 것'과 '바꿔야 할 것'을 구분하고 하루하루를 힘껏 살아가는 것이다.

⊘ 그럼에도, 우리는 묵묵히 걸어가야 한다

고통을 겸허히 수용하고 받아들이는 것은 말처럼 쉽지 않다. 그 고통이 내 안으로 스며들어 나의 감정을 잠식하기 때문이다. 이때 삶의 가치가 무엇인지를 생각해 보면 고통을 다른 관점으로 전환할 수 있다.

수용-전념 치료ACT의 창시자 스티븐 헤이즈는《마음에서 빠져나와 삶 속으로 들어가라》에서 '가치의 삶'을 버스에 비유한다.

당신은 버스 운전기사이다. 버스에는 마음에 드는 승객도 있지만 무서운 폭력배도 탑승한다. 여기서 승객은 나의 기억, 신체 감각, 생각 등이다. 버스를 운전하는 당신은 불편한 승객이 내리기를 바라지만, 점점 더 불편한 승객들이 버스에 올라탄다. 당신은 그 승객을 보지 않으려고 시선을 피하기도 하고, 그 승객을 좋게 생각하려고 애써 합리화하기도 한다. 하지만 이때 당신에게 필요한 것은 승객들을 기꺼이 받아들이고, 목적지까지 가는 것이다.

우리는 삶의 목적지에 도착하기 전까지 전혀 예상하지 못했던 사건, 상황, 사람들을 만나게 된다. 이 중 좋지 않은 일에 맞닥뜨렸을 때는 그 사건과 사람으로부터 거리를 둘 필요가 있다. 우리가 바라봐야 하는 것은 과거의 고통이 아니라 현재와 미래의 가치이다. 나를 고통으로 밀어놓고 살기에는 나는 너무 소중하지 않은가!

관계를 바꾸는 심리학 수업

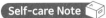

삶의 중요한 영역에서 가치가 있다고 생각되는 것이 무엇인지 생각해
보고, 그것을 실천하기 위한 방법을 작성해 보세요.

가치	중요도	실천방법
자녀의 행복	1	화·목·토요일 밤에 20분씩 아이들에게 책 읽어주기
전문성	3	일하면서 일주일에 한 번씩 새로운 아이디어 작성하기

《관계를 바꾸는 심리학 수업》은 '관계'와 '돌봄'에 대한 고민으로 쓰여진 책입니다. 이 책을 읽으면서 자신을 돌아보고 자신과 좋은 관계를 맺기를 바랍니다. 그리고 궁극적으로 관계 속에서 평온하고 평화로워지길 바랍니다.

책을 쓰면서 어린 시절의 한 장면이 떠올랐습니다. 초등학교 4학년 때 문틈에 손가락이 끼여 피를 흘린 적이 있었습니다. 울면서 엄마를 부르니 혜성처럼 나타난 엄마는 본인의 손이 더 아픈 듯 마음 아파하며 저를 달래고 정성스레 약을 발라주셨습니다. 어머니 덕분에 상처는 흉지지 않고 잘 아물었습니다. 관심을 가지고 살펴주신 어머니의 사랑 덕분이었습니다.

관심과 돌봄이 상처 치유의 시작입니다. 하지만 마음의 상

처는 잘 보이지 않아 방치하는 경우가 많습니다. 겉으로 드러
난 상처와 마찬가지로 마음의 상처도 피 흘리고 아파하고 있음
을 알아야 합니다. 마음에 상처가 났을 때 가장 먼저 해야 할 일
은 자신을 돌보는 것입니다. 내가 관심을 가져야 상처가 아물
수 있습니다. 내가 먼저 돌봐야 할 사람은 '나'임을 꼭 기억해야
합니다. 이 책을 통해 나를 돌보는 과정을 경험하셨기를 바랍니
다. 또 관계 속에서 나 자신을 믿기를 진심으로 바랍니다.

제가 '관계'에 관심을 가지고 관계 속에서 배우고 성장하기까
지 많은 분들의 도움과 가르침이 있었습니다.

2009년 EAPEmployee Assistance Program(근로자지원프로그램) 기업에
서 심리교육 기획업무를 담당하면서 상담과 교육에 관심을 가
지게 되었습니다. 이때 심리상담의 중요성과 인간 존중을 가르
쳐주신 이지앤웰니스㈜의 강민재 대표님께 감사드립니다.

제가 행동하는 긍정주의자 옵티미스트로 성장하게 해주신
서울성모병원 정신건강의학과 채정호 교수님께도 감사의 마음
을 전합니다.

한국상담대학원대학교 박재우 교수님께도 감사의 마음을 전
합니다. 교수님께 상담 슈퍼비전의 가르침을 받으며 상담사로
서의 역량을 키웠고, 방향을 제시해 주신 덕분에 성장할 수 있었

습니다. 또 바쁘신 중에 이 책의 '애착, 인지행동치료, 수용-전념 치료, 자기자비' 부분을 감수해 주셔서 마음 깊이 감사드립니다.

마지막으로 저를 사랑으로 키워주신 어머니 김종분 여사님과 제가 힘들고 지쳐 있을 때 지혜로운 삶을 살 수 있도록 도와준 세상에 하나뿐인 소중한 언니에게도 감사를 전합니다. 제 삶의 첫 번째 관계인 가족의 사랑 덕분에 지금의 제가 있습니다. 이 책을 어머니와 언니에게 바칩니다. 감사하고 사랑합니다.

권석만, 《긍정심리학(행복의 과학적 탐구)》, 학지사, 2008

김영애, 《사티어 빙산의사소통》, 김영애가족치료연구소, 2019

김주환, 《회복탄력성》, 위즈덤하우스, 2019

너새니얼 브랜든, 《자존감의 여섯 기둥》, 김세진 역, 교양인, 2015

대니얼 네틀, 《성격의 탄생》, 김상우 역, 와이즈북, 2019

도널드 위니코트, 《충분히 좋은 엄마》, 김건종 역, 펜연필독약, 2022

리사 펠드먼 배럿, 《감정은 어떻게 만들어지는가?》, 최호영 역, 생각연구소, 2017

마셜 B. 로젠버그, 《비폭력대화》, 캐서린 한 역, 한국NVC센터, 2017

마셜 B. 로젠버그, 가브리엘레 자일스, 《상처 주지 않는 대화》, 강영옥 역, 파우제,
2018

마틴 셀리그만, 《마틴 셀리그만의 긍정심리학》, 김인자·우문식 역, 물푸레, 2014

배르벨 바르데츠키, 《너는 나에게 상처를 줄 수 없다》, 두행숙 역, 걷는나무, 2013

브라이언 리틀, 《성격이란 무엇인가》, 이창신 역, 김영사, 2015

빅터 프랭클, 《빅터 프랭클의 죽음의 수용소에서》, 이시형 역, 청아출판사, 2020

사노 요코, 《태어난 아이》, 황진희 역, 거북이북스, 2016

소냐 류보머스키, 《How to be happy 행복도 연습이 필요하다》, 오혜경 역, 지식노마드, 2007

슈테파니 슈탈, 《심리학, 자존감을 부탁해》, 김시형 역, 갈매나무, 2016

스티븐 C. 헤이스, 《마음에서 빠져나와 삶 속으로 들어가라》, 문현미·민병배 역, 학지사, 2010

정혜신, 《당신이 옳다》, 해냄, 2018

제사미 히버드, 《성공한 사람들의 가면증후군》, 편집부 역, 청송재, 2021

채정호, 《옵티미스트(행복한 선물)》, 매일경제신문사, 2006

최인철, 《프레임》, 21세기북스, 2021

캐럴 드웩, 《마인드셋》, 김준수 역, 스몰빅라이프, 2023

크리스틴 네프, 《러브 유어 셀프》, 서광·이경욱 역, 이너북스, 2019

타라 브랙, 《자기돌봄》, 김선경 편, 이재석 역, 생각정원, 2018

힐러리 제이콥스 헨델, 《오늘 아침은 우울하지 않았습니다》, 문희경 역, 더퀘스트, 2020

Steve R. Baumgardner, Marie K. Crothers, 《긍정심리학》, 안신호 외 역, 시그마프레스, 2009

Christopher J. Mruk, PhD, 《Self-Esteem and Positive Psychology》, Springer Publishing Company, 2013

김동진, 〈보육교사의 심리적 안녕감이 행복감에 미치는 영향에서 공감능력과 직무스트레스의 매개효과〉, 서울기독대학교 일반대학원, 2022

김민정, 〈자존감 2요인 모델에 대한 고찰〉, 한국심리학회지, 2016

김선미, 〈비일치적 의사소통으로 인해 갈등을 경험하고 있는 부부에 대한 사티어 변형체계치료 모델의 적용 연구〉, 단국대학교 행정법무대학원, 2014

김소형, 〈직장인의 자아존중감 및 성인 애착이 대인관계 문제에 미치는 영향〉, 동국대

학교 교육대학원 상담심리전공, 2011

박영애, 〈보육교사의 성격 5요인이 심리적 안녕감에 미치는 직무스트레스에 대한 매개효과 연구〉, 칼빈대학교 대학원, 2020

백선영, 〈비폭력대화와 수용-전념 치료를 통합한 집단상담 프로그램이 대학생의 지각된 스트레스와 정서에 미치는 효과〉, 한양대학교 상담심리대학원, 2019

안연재, 〈성인애착과 대인관계 유능성과의 관계 : 마음챙김으로 조절된 반추의 매개효과〉, 이화여자대학교 교육대학원, 2019

이미혜, 〈대학생의 긍정적 정서, 몰입, 삶의 의미, 성취감, 긍정적 관계가 행복에 미치는 영향〉, 계명대학교 대학원, 2014

임명진, 〈현실치료상담(Reality Therapy)을 적용한 집단프로그램이 보육교사의 자아존중감과 교사-영유아의 상호작용에 미치는 영향〉, 중앙대학교 교육대학원, 2019

더 이상 상처받지 않고 행복해지고 싶은 나에게
관계를 바꾸는 심리학 수업

초판 1쇄 발행 2023년 4월 30일
초판 2쇄 발행 2024년 4월 20일

지은이 백선영
펴낸이 백광옥
펴낸곳 ㈜천그루숲
등 록 2016년 8월 24일 제2016-000049호

주소 (06990) 서울시 동작구 동작대로29길 119
전화 0507-0177-7438 **팩스** 050-4022-0784 **카카오톡** 천그루숲
이메일 ilove784@gmail.com

기획 / 마케팅 백지수
인쇄 예림인쇄 **제책** 예림바인딩

ISBN 979-11-93000-05-2 (13320) 종이책
ISBN 979-11-93000-06-9 (15320) 전자책